民國歷史與文化研究

二 編

第 21 冊

蘇北歌謠研究（第一冊）

馮翠珍 著

花木蘭文化出版社

國家圖書館出版品預行編目資料

蘇北歌謠研究（第一冊）／馮翠珍 著 -- 初版 -- 新北市：花木
蘭文化出版社，2015〔民 104〕
目 6+154 面；19×26 公分
（民國歷史與文化研究 二編：第 21 冊）
ISBN 978-986-404-289-0（精裝）
1. 民謠 2. 中國
628.08   104012470

ISBN-978-986-404-289-0

9 789864 042890

民國歷史與文化研究
二 編 第二一冊   ISBN：978-986-404-289-0

蘇北歌謠研究（第一冊）

作　　者　馮翠珍
總 編 輯　杜潔祥
副總編輯　楊嘉樂
編　　輯　許郁翎
出　　版　花木蘭文化出版社
社　　長　高小娟
聯絡地址　235 新北市中和區中安街七二號十三樓
　　　　　電話：02-2923-1455／傳眞：02-2923-1452
網　　址　http://www.huamulan.tw 信箱 hml 810518@gmail.com
印　　刷　普羅文化出版廣告事業
初　　版　2015 年 9 月
全書字數　506702 字
定　　價　二編 24 冊（精裝）台幣 45,000 元

蘇北歌謠研究（第一冊）

馮翠珍　著

作者簡介

馮翠珍
【學 歷】
中國文化大學中國文學研究所 博士
【現 職】
2012/08~ 亞太創意（原親民）技術學院 數位媒體設計系 / 通識教育中心藝文組 專任助理教授
中國口傳文學學會 會員
臺灣民俗學會 會員
資策會培訓合格智財權種子教師
台北市配音人工會 會員
【經 歷】
1. 真善美劇團 團員
2. 卡司普生文化公司 董事長助理
3. 真相新聞網 執行製作
4. 大森文理補習班 國文科專任老師
5. 喬治高中 國文科教師
6. 御銘教育機構 國家考試國文講師
7. 台北市配音人工會第一期培訓合格配音人
【專長領域】
民間文學、通俗文學、戲劇演出、影視配音、廣電節目企劃、劇本寫作
【著作】
「三言二拍一型」之戒淫故事研究（臺北・花木蘭，2011 年 9 月）
大學國文選 與汪淑珍等人合著，（臺北・新文京，2002 年 9 月）
台灣印象——台灣文學中的地區風采 與汪淑珍等人合著，（臺北・新文京，2008 年 9 月）
茶文化與生活 與汪淑珍等人合著，（臺北・新文京，2011 年 5 月）

提　要

　　蘇北（今江蘇省北部的徐州市與連雲港市及所轄的行政區域）地區自古以來因位居中國四方交通輻輳之地，成為移民往來的必經之途；也因此具高度戰略價值，導致長年爭戰、兵戎不休。兼以自然地理的特性造成自然災害頻傳，水（黃河改道）、旱、蟲災不斷，造成人民流離遷徙，去而復來的移民潮，使蘇北成為中國文化融合頻繁的地區。

　　究其文化底蘊則可發現，該地區一方面深受齊魯古文化影響，人民講信重義、任俠使氣；一方面深受楚文化影響，重視禮俗、巫覡、祭祈等習俗。在兩者交互作用之下，形成蘇北懍然守義卻不忘鬼神的文化特質。在相關的生活習俗中，也時常可見與超自然力量交流溝通的遺跡。蘇北俗諺中雖有「信神如神在、不信如泥塊」之語，然整體說來，該的區的民間生活，與鬼神的交流就像與常人溝通般自然且頻繁。

　　俗諺道：「三里不同風，五里不同俗。」各地風土民情，反應出不同時空、地理環境下不同的文化風貌。這是民間文學最常令人感到驚喜之處。

　　承上所述，本書主要以蘇北地區的民間歌謠為研究主體，採用資料主要來自於西元 1984 年起在蘇北地區所展開的民間文學普查所得的歌謠成果、及相關文史資料，兼以筆者親自前往蘇北地區考察及所蒐集者加以研究分析，以求瞭解蘇北歌謠中所反映的人文特質及社會意義、並進一步探究蘇北歌謠與我國通俗文化間的繫聯與影響。

謝　誌

謹此銘謝所有在此文寫作期間，提供協助的家人與學者：

　　徐州市銅山縣：蔣均亮老師

　　徐州市銅山縣：張世龍老師

　　連雲港市：崔月明老師

　　馮偉民先生

　　余偉新女士

　　馮衛民先生

　　吳愛女士

　　馮杰先生

　　劉娟女士

　　馮浩女士

目

次

第壹章 概　論

第一節　研究動機

俗諺道:「三里不同風,五里不同俗。」各地風土民情,反應出不同時空、地理環境下不同的文化風貌。這是民間文學常令人感到驚喜之處。

蘇北可謂華北地區的文化熔爐之一。該地區自古以來因位居四方交通輻輳之地,成為移民往來的必經之途;也因此具高度戰略價值,導致此地長年爭戰、兵戎不休。兼以地理特性造成自然災害頻傳,水(黃河改道)、旱、蟲災不斷,造成人民流離遷徙,去而復來的移民潮,使蘇北成為中國文化融合頻繁的地區。凡此種種,都是造就豐富多元的蘇北文化的原因。

蘇北的文化底蘊中,一方面深受齊魯古文化影響:人民講信重義、任俠使氣;一方面深受楚文化影響:重視禮俗、巫覡、祭祈等習俗;兩者交互作用之下,形成蘇北懍然守義卻不忘鬼神的文化特質。在相關的生活習俗中,時常可見與超自然力量交流溝通的遺跡。蘇北俗諺中雖有「信神如神在、不信如泥塊」之語,然整體說來,該地區的民間生活,與鬼神的交流就像與常人溝通般自然且頻繁。謹此試以先嚴幼年生活中的一二事為例,俾使讀者了解蘇北生活風氣:

先嚴於民國二十年(1931)出生在江蘇省沛縣;少時從任職於專員公署的先祖移居徐州市內;一九四九年隨國民政府軍隊來台,最後壽終於寶島。儘管在蘇北成長的歲月僅佔其生命四分之一不到的時間,然無論是口音、生活習慣、思想性格……等,未曾因遠離家鄉而有顯著改變。政府開放探親、

觀光之後，筆者總算見到父親口中的故鄉與家人。二十年間，我或隨家人、師友、或獨自造訪家鄉，當我以流利的方言往來於台北與徐州時，橫隔於海峽兩岸的時空分隔彷彿從不存在；鄉人亦未察覺我是生長於海峽對岸的子弟。然而筆者對父鄉的瞭解畢竟流於片面，是以尋常往來應對間常有格格不入的尷尬。蒙恩師金教授榮華先生提點，教我由民間歌謠入手認識父鄉，方得綱領。當我在《銅山縣縣卷》〔註1〕中，看見自幼聽聞於先父口中的訣術歌：「天黃地綠（音『陸』），小兒夜哭；君子一念，睡到日初」，竟一字不差地出現時，熟悉又陌生的不確定感霎時一掃而空。取而代之的是彷彿從未遠離的親切與感動：文化的傳遞似乎從未中斷過。於是確立了以蘇北歌謠為研究主題的動機及動力。先父口中點點滴滴的鄉野軼事與生活習俗，也開始慢慢在我的認知裡成形、連貫；特別是那些連先父亦知其然、卻不知其所以然的典故或說法，透過民間藝文工作者的整理採錄，讓我一一得到解惑；在返台後與先父分享時，那種世代血胤間的傳承感與使命感、認同感與親切感，絕非筆墨所能竟述。原來身在海峽彼端的我，可以如此認識父鄉。是為動機。

第二節　研究範圍及方法

　　本論文《蘇北歌謠研究》中的「蘇北」，是指現今江蘇省北部的徐州市與連雲港市及所轄的行政區域。

　　本論文研究方法，首先於第貳章定義研究主體「蘇北」的範圍，並概述蘇北地區現況；第參章分別就徐州及連雲港兩地歌謠採錄的概況及成果；同時介紹本文所使用的歌謠資料來源、並略述特色。第肆至陸章分別介紹並探析蘇北地區各類歌謠。第柒章討論蘇北地區九種常見的歌謠型式；第捌章試探蘇北歌謠的文學特質；第玖章則就蘇北歌謠所反映的社會意義提出整理及看法；最終於第拾章提出結論。

　　本文所使用資料，主要以蘇北自西元1984年起，由大陸地區所展開的全國性民間文學普查所得的歌謠成果、及相關文史資料為研究素材〔註2〕，兼以筆者親自前往蘇北地區考察及所蒐集資料的資料為輔，再循各章所擬定的章旨研究分析、以求瞭解蘇北歌謠中所反映的人文特質及社會意義、並進一步

〔註1〕《銅山縣民間文學集成・儀式歌・小兒夜哭》，（銅山縣民間文學三套集成辦公室編，1988年6），頁52。
〔註2〕相關政策說明詳見本文第參章。

探究蘇北歌謠與我國民間文化間的繫聯與影響。

　謹此陳述寫作凡例如下：

一、本文中所用的分類名稱，爲避免歧誤混淆，一律延用〈關於中國民
　　間歌謠集成編輯方案與意見〉中所訂的分類名稱〔註3〕。

二、所有歌謠素材的出版資料，統一於第參章中介紹，其後各章文中不
　　再一一細註，僅標註出處書名及頁數，以免冗贅。

三、同一本歌謠集成中，如有同名異文的歌謠，其處理方式如下：若在
　　不同頁數，則以頁碼爲準；如在同一頁出現同名歌謠兩首以上，則
　　依其收錄先後次序加編序號，如〈送郎一〉、〈送郎二〉，以爲區別。

四、文後所附清單欄目中，「原分類」係指原出處中之分類類別；「類別」
　　則爲筆者整理後認同之分類。如《海州童謠》中所收錄之〈七女掏
　　陰溝詞〉，於《中國歌謠集成・江蘇卷》，列入儀式歌之訣術歌類而
　　非兒歌，筆者認同《中國歌謠集成》之分類，於是將此歌分類爲「儀
　　式歌」，原出處則註明爲「兒歌」。至於其他原分類空白者，即筆者
　　無異議。

〔註3〕分類由來及細目，詳見本文第參章。

第貳章　蘇北概述

第一節　蘇北現況

　　蘇北爲江蘇省北部的通稱。如以相對位置而言，蘇北是指淮河以北地區；然此一說法仍過於籠統。本研究選擇以中華人民共和國之行政區域界定「蘇北」的範圍爲：江蘇省北部的連雲港市及徐州市。

　　蘇北地區總面積爲 18642.24 平方公里；至 2007 年底，蘇北地區常住的總人口數爲一千三百一十八萬餘人，土地及人口數皆約當台灣的一半〔註1〕。如以鄰界位置論，蘇北地區東濱黃海海州灣、西界安徽省宿州市及淮北市；南部由東至西分別與江蘇中部的鹽城、淮安、宿遷等市交界；北部則與山東省臨沂、棗莊、濟寧、荷澤等市比鄰。又，徐州市與山東省棗莊市共同以微山湖爲界〔註2〕。

　　蘇北地區地形主要以平原及低矮丘陵爲主；平原中西部屬於黃淮平原、東部則爲東部濱海平原。連雲港市西部丘陵爲這片一望無際的平原中，唯一偏高的地區；丘陵中的雲台山玉女峰，是全江蘇省的最高點（海拔 624.4 公尺）。蘇北地勢平緩的程度由此可知。

　　蘇北地區的主要港口是位於黃海海州灣的連雲港。連雲港從秦代起就是華北地區重要的港口之一〔註3〕，國父實業計畫中更是將之列爲東方大港。現

〔註1〕實際常居總人口數爲 13,181,000 人；設籍人口數爲 14,231,761。
〔註2〕爲便於查找，文中所有地名及行政單位皆以現有制度行之。
〔註3〕秦始皇派徐福出海訪仙、尋求長生不死之藥，就是由此出海。

今的連雲港是歐亞大陸橋〔註4〕東端起點，藉由鐵路運輸可以直驅位於歐洲的荷蘭鹿特丹；連雲港戰略地位之重要由此可見一斑。

從連雲港往西，進入蘇北平原，可以發現蘇北土地主要是由黃河及淮河沖積的平原所構成。沖積平原的壤質肥沃，適合種植溫帶作物。另一方面，黃淮二河固然爲蘇北地區帶來生機，但是歷史上的黃河改道也屢屢爲此間百姓帶來莫大危害。尤其以徐州地區受害最甚：自漢至清，黃河在下游決堤、溢經徐州的紀錄超過三十次，河經徐州後再蜿蜒出海的時間累計超過六百年；換言之，整個蘇北地區的信史中，有近三分之一的時間飽受黃河改道、決堤漫溢之苦〔註5〕。直到咸豐五年黃河改道、道光二十五年黃河回復由山東大清河入海，徐州的黃河故道始涸，河災才算從蘇北地區消聲匿跡〔註6〕。

除天然的黃河以外，蘇北地區的人工河道，是著名的南北大運河。這條北起北京，南至杭州，流經河北、山東、江蘇和浙江等四省的人工運河，聯絡我國東部包括海河、黃河、淮河、長江和錢塘江等五大水系，全長共計 1794 公里。大運河（或稱京杭大運河）現存於蘇北地區的支流，分別爲魯南運河及蘇北運河，兩者皆匯經徐州市西北的微山湖，並以之爲湖泊水量調度。原本以水運爲主的大運河，近年來成爲中華人民共和國「南水北調」政策的重要工程基礎。綜合此述，大運河成爲兼具交通及民生供水兩項重要功能的蘇北水系。

氣候方面：蘇北地區是典型的溫帶季風型氣候區，四季變化分明；如果細究，則連雲港地區因地近黃海，所以呈現溫帶海洋性氣候的特徵：溫潤有雨，且每年最低溫出現在二月；徐州地區則偏屬於溫帶大陸型季風氣候，每

〔註4〕 亞歐大陸橋是指以橫跨亞歐大陸的鐵路運輸系統爲橋樑，把歐亞大陸兩端的大西洋與太平洋連接起來，實現海陸聯合運輸的理想，屬於國際聯合運輸的範疇。此一洲際計畫於 1990 年完成建構；1992 年開始正式營運。歐亞大陸橋中國段東端起自於江蘇省連雲港（山東省日照可謂連雲港支線，末端鐵路匯入隴海鐵路），由隴海鐵路與蘭新鐵路接合而成；西迄濱大西洋岸荷蘭的鹿特丹。歐亞大陸橋離開中國國境後又分北中南三線，對促進歐亞大陸整體交通運輸有極大功用，因路線大部分經舊絲綢之路，因此又被稱爲「新絲綢之路」。

〔註5〕 自漢武帝元光三年（132B.C.）黃河於史上第一次決堤、經徐州出海，至清道光二十三年（1843A.D.）北徙入海，前後歷時一千九百七十五年，共肆虐蘇北地區前後超過六百年。參見，趙明奇主編《全本徐州府志·卷十三：河防考》，（北京：中華，2001 年 12 月），頁 790～805。

〔註6〕 至今徐州市內仍有黃河故道遺蹟供人撫今追昔，然大多數時光此地已成爲市民休閒娛樂的主要處所。

年以一月平均溫度最低，約在攝氏 1.3 度左右。

早期農業社會，蘇北地區在進入冬季後，一切農業活動暫停，直到來年春季再行耕作，依循春耕夏耘、秋收冬藏的生活步調年復一年；近年來由於氣候異常，每年的最低溫度屢屢下探；降雪情況時有所聞；更有愈益嚴重的趨勢。

以 2005 年元月為例，當年出現百年難得一見的雪災，時近農曆春節，因而造成內地陸空交通幾近癱瘓；2008 年初蘇北地區的一月份氣溫，更徘徊在攝氏零下十度至零度之間。其後歷年冬季氣候之嚴峻，與這兩年相較有過之而無不及；嚴冬時節雨雪紛飛，交通嚴重堵塞。主要都市路況尚且困難，何況農村路況不佳，機械車輛完全無法通行，農產運輸皆需倚賴驢車騾車運送，方能供應都市居民生活所需。直接影響所及，造成入冬後農產品零售價格高低不定，衝擊居民日常生活甚鉅。也因此近年來當供銷穩定的大型賣場開始在蘇北出現後，立即為居民接受，甚至成為居民假日休閒的熱門去處之一。與台灣地區四季如春的氣候環境相比，蘇北地區居民的生活條件相對艱困，令人不由得佩服當地居民強韌的生命力。

蘇北地區基於氣候因素，農業生產時間有限；然該地區的經濟活動除了農業及商業活動以外，礦業發展也是此地區自古以來重要的經濟支柱：除了戰國時代已經開始開採的徐州利國鐵礦之外，徐州市的煤礦、連雲港的鹽業都有相當的歷史。

這兩項重要的經濟活動，對於蘇北地區的文化及生活的影響，時常可見於歌謠之中；也使得與煤、鹽礦產相關的歌謠成為蘇北勞動歌中具代表性的行業之一；此外，連雲港的漁業亦是當地重要的經濟活動。整體而言，煤礦工人及煮鹽灶民、拉縴縴夫及漁民，都是位居社會階層最底部的貧苦百姓，他們所傳唱的歌謠也最令人心酸不忍；本研究將於後文中介紹。

近年來，蘇北地區的經濟活動朝製作大型工業生產機具的方向發展，外商紛紛前往蘇北的工商特區設廠經營。

交通方面，蘇北地區是黃淮平原北部重要的交通樞紐，其中連雲港市自古以來就是重要的港口，今日則是中國最重要的原料及散裝貨櫃港；徐州則位居京滬（北京－上海）鐵路與隴海鐵路（蘭州－連雲港）的交會地，是南北向與東西向交通的匯聚地。由此可知蘇北地區的戰略與交通位置的重要性。

　　公路部份，蘇北地區南來北往的高速公路已建置完成：東西向有連徐高速公路，南北向則有京滬、鹽徐、寧連等高速公路，縮短旅程時間，也促使農工商產品、原料運送更為便利；另一方面，大量農村人口外出謀生，加速人口移動，也促進了文化交流。筆者於蘇北發現當地農村中，多有從西南各省婚嫁至此的女性，部份原因是由於原鄉生活貧困，農村人口前往都市打工，在沿海都市與蘇北男子相遇、進而嫁至蘇北。這些人口遷移所造成的文化影響，也可從歌謠中略窺一二：如蘇北的歌謠集成中可見到四川歌謠〔註7〕。

　　從歷史文化角度觀之，蘇北地區的人類活動甚早：徐州有大汶口史前遺址；連雲港則有將軍崖大型壁畫，兩者都是新石器時代的文化遺跡。上古時期，傳說徐州因彭祖而受封為國，因此徐州又以彭城名世。此外，由於沛縣是漢高祖劉邦的故鄉，因此蘇北與楚漢時期相關的傳說及遺蹟甚多，文化及生活上據此流傳的特色習俗也不少。如徐州的戲馬台、沛縣的狗肉文化……等。以徐州為例，漢時劃徐州為楚國，如今在此地出土的漢畫石碑及漢墓遺址為數眾多，緣此分別成立數座博物館分別整理藏珍〔註8〕。而連雲港地區為西漢時期東海郡所在地，古蹟遺址亦所在多有〔註9〕。其後各朝代，對徐連兩地的重視不下漢代，相關古蹟在蘇北至今可見〔註10〕。

　　蘇北地區的方言主要為中原官話；徐州市所使用的是中原官話裡的「鄭徐片」；徐連交界處則多為「洛曹片」。連雲港地區方言種類較多，除有中原官話「洛曹片」外，南部灌雲地區則操中原官話洪曹片；沿海部份地區，因民初張謇率領南通地方海門、啟東等地人民移居之故，至今仍操吳語。但整體文化表現仍舊受中原文化影響較深，屬於齊魯文化圈中一員，細節容後表述。

　　整體而言，蘇北地區目前成為江蘇省重要的交通及工商業城市，整體經

〔註7〕〈槐花槐花幾時開〉是最常見的例子。
〔註8〕最具代表性的漢墓為龜山漢墓，位於徐州市九里山區龜山西麓。1981年挖掘出土。據考證為西漢第六代楚襄王劉注夫婦合葬之墓，其中器物、建築等文物眾多，將漢代貴族生活完整披露於世人眼前。又，漢畫石碑亦已成立徐州漢畫像石館，位於雲龍湖東岸，專責陳列大量漢畫像石、碑拓等文物。
〔註9〕如1993年於東海縣出土的西漢東海郡功曹師饒墓中所出土的《神鳥賦》，即是書之於簡牘的重要文物代表之一。
〔註10〕如蘇東坡就曾任徐州知州，留下蘇堤、黃樓、放鶴亭、快哉亭等遺蹟，至今為人樂道。

濟產值及人口活動狀況日趨興盛，形成黃淮平原下游重要的經濟區。在文化上，鑑於古來多次的黃河水患，使該地居民遷移頻繁；再加上身爲海陸運輸的重要樞紐，也使得此地所受到的文化刺激比其他內陸城市爲強；這些特質可以從區域中多數歌謠的變化中可知。

千百年來，旱澇之災在蘇北地區交替出現、兼以地控四方的重要地理位置引來兵馬倥傯；種種天災人禍，磨練出當地人民勇敢堅韌的性格，這些特性也在歌謠中展露無遺。說歌謠是直接反應社會人生的利器，誠然也。

第二節　徐州概述

一、歷史上的徐州

歷代所指涉的「徐州」各各不同：〈禹貢〉中對徐州的定義，奠定後世對徐州地理位置認定上的基礎〔註11〕；周代將〈禹貢〉時期的徐州與青州合而爲一，總稱徐州；不過從自春秋時期吳國滅徐國後、一直到戰國時代，徐國原地界才又開始被稱以「徐州」之名〔註12〕。秦漢以降，「徐州」所轄區域經歷多次變動，茲整理如下：

1. **楚漢相爭時**，項羽所藉以自立的「楚」，即位於今日徐州；
2. **西漢建國後**，封楚王韓信於此，治於下邳〔註13〕，爲西漢重要封國之一。
3. **三國時**魏設徐州，治彭城〔註14〕，是徐州以彭城爲治之始。
4. **西晉永嘉之亂時**徐州淪沒過半，晉室因南遷州治到淮陰，直到淝水戰後才又再度以彭城之地爲北徐州。
5. **隋代**廢徐州爲彭城郡；
6. **唐武德四（西元 621）年**復置徐州（天寶年間一度更名彭城郡，後於

〔註11〕《尚書・禹貢》：「海岱及淮惟徐州。」〔清〕孫星衍撰：《尚書今古文注疏》，（臺北市：文津，1987 年），頁 153～157。
〔註12〕《漢書・楚世家》：「……（楚威王）七年，齊孟嘗君父田嬰欺楚，楚威王伐齊，敗之於徐州，而令齊必逐田嬰。……」見楊家駱主編；許平和續編《新校本史記三家注並附編二種》，（臺北：鼎文，1997 年）第一冊，頁 1721。
〔註13〕今江蘇省徐州市下轄之邳州市。
〔註14〕今江蘇省徐州市下轄之銅山縣。

乾元初再度復名）；

7. 五代因隋唐舊制，

8. 元初稱徐州路；後更名爲武安州，州治設於武安城〔註15〕。

9. 明還舊治，復名徐州；

10. 清雍正十一（西元 1733）年升爲徐州府。

《中國地名大辭典》中，對徐州的解釋是：「凡舊徐州府地、邳縣、山東舊兗州府、安徽宿縣、泗縣皆入其地〔註16〕。」

上述各條目中所指稱的徐州，都以「彭城」（今徐州市銅山縣）或「下邳」（今徐州市邳州市）爲行政中心，其中又以彭城最常成爲徐州的代稱，原因請容後表。

二、彭城之名的由來

彭城之名始於籛鏗，他是黃帝之孫顓頊的後代。據《史記・楚世家》所載，傳說顓頊之孫「回」得子陸終；陸終之妻鬼方氏多年未孕，後竟從左脅與右脅之下各出三子，其中第三子籛鏗，受封於大彭，成爲後世所稱的彭祖〔註17〕；大彭歷八百年餘而消亡，都城即「彭城」〔註18〕。《徐州府志》言：「……蓋魏晉而後，唯彭城、下邳爲徐州實土。」由此可以看出自魏明帝定彭城爲徐州治後，彭城與徐州名稱時有混淆；如循前文所述，經過歷代的名實之變後，或可直言：「彭城屬於徐州；但徐州並非就是彭城〔註19〕」。

〔註15〕今河北省武安市。

〔註16〕劉君任著《中國地名大辭典》（臺北縣：文海，1967 年一版），頁 698。

〔註17〕《史記・楚世家》：「楚之先祖出自帝顓頊高陽。高陽者，黃帝之孫，昌意之子也。高陽生稱，稱生卷章，卷章生重黎。……帝（嚳）乃以庚寅日誅重黎，而以其弟吳回爲重黎後，復居火正，爲祝融。吳回生陸終。陸終生子六人，坼剖而產焉。其長一曰昆吾；二曰參胡；三曰彭祖；四曰會人；五曰曹姓；六曰季連，羋姓，楚其後也。……彭祖氏，殷之時嘗爲侯伯，殷之末世滅彭祖氏。」見楊家駱主編；許平和續編《新校本史記三家注並附編二種》，（臺北市・鼎文書局，1997 年）第一冊，頁 1689～1690。

〔註18〕《括地志》：「彭城，古彭祖國也」。見王恢編《括地志新輯》，（臺北：世界書局，1974 年 7 月），頁 133。

〔註19〕見丁愛華編《徐州史話》（北京：中華書局，2004 年 11 月），頁 9。

三、徐州現況

徐州市〔註20〕簡稱「徐」，現爲江蘇省的一個地級市〔註21〕，總面積
11142.33 平方公里，占江蘇省總面積的 10%〔註22〕。該市位處江蘇省西北部
〔註23〕。至西元 2007 年底，在徐州市設籍的總人口數是九百四十餘萬人
（9,409,468），佔全省總人口數的 12%，使得徐州成爲江蘇省人口數最多的
城市〔註24〕；市內常住人口數僅次於蘇州市，達八百七十一萬餘人（8,711,200
人）。華北地區多數離家打工者，咸往徐州謀求生計其工作地點；亦相對帶
動徐州市內旺盛的經濟活動。

現行的行政區劃中，徐州市轄有五個市轄區、兩個縣級市及四個縣。市
轄區位於市區之內，分別是雲龍區（雲龍山、湖）、鼓樓區（老城市中心）、
九里區（九里山一帶）、賈汪區及泉山區（城南新開發區）。兩個縣級市則是
「邳州市」與「新沂市」。另有銅山、沛、豐、睢寧等四個縣。早期被合稱爲
「豐沛蕭碭」的蕭縣與碭山縣，於一九六〇年代被劃歸入安徽省宿州市，不再
屬於江蘇省。

以相對位置而言，徐州市位居蘇、魯、豫、皖四省交界處，是以介紹徐
州的文字多用「東襟黃海、西接中原、南屏江淮、北扼齊魯」來形容其獨特
的地理區位；也因此本地素有「五省通衢」的美名；尤其是京滬〔註25〕、隴
海兩條鐵路在此交會，更使得徐州成爲華北地區重要的鐵路運輸樞紐。筆者
赴蘇北採錄時，兩度臨逢春節長假，曾親身見聞莘莘學子從東北一路搭火車

〔註20〕 依中國政府自 1982 年起實施的憲法，將行政區劃級別相當於地區、自治州級
別的市。地級市爲省轄市，下分爲市轄區和縣、自治縣，旗，自治旗。部分
地級市的規劃被視作副省級市，成爲「縮省併縣，省縣直轄」改革的基礎。
如徐州市雖爲地級市，但在領導級別上，現今徐州市長徐鳴就兼爲江蘇省副
省長，由此可知徐州被視爲副省級市、將朝獨立成省的改革的政策。

〔註21〕 依照中共 1982 年實施的憲法制度，「地級市」的行政區劃級別相當於地區、自
治州級別的市。地級市爲省轄市，下分爲市轄區和縣、自治縣，旗，自治旗。
另一種說法，「地級市」相當於副省級市，做爲朝「縮省併縣、省縣直轄」的
改革方向準備之用。故近年來徐州政界盛傳蘇北地區將被另立爲蘇北省之說。

〔註22〕 江蘇省總面積爲 106741.68 平方公里。

〔註23〕 地理座標上的位置爲東經 116°22'，北緯 33°43'～34°58'。

〔註24〕 江蘇省總人口數至 2007 年底爲 73,540,810 人。

〔註25〕 或稱京廣鐵路。舊日國民政府主政時代，視廣州到北平的鐵路爲一個整體，
稱之爲京廣鐵路。現今功能及名稱已被京九（九龍）鐵路所取代。

至徐州，已耗時三十小時；到徐州後，再轉乘西行列車往徽、甘等省返鄉過年，長路漫漫，實非生長於台灣的我等所可體會。也因此可見徐州每年所吞吐的人口數量之鉅。

又，興建中的南北向京滬高速鐵路已於西元 2011 年完工，並與東西向的徐蘭高速鐵路（徐州至鄭州段）在徐州交會；高速鐵路的車站位於現今徐州火車站東北方，又稱「徐州東站」。從上海至徐州的旅行時間，已直接〔註26〕縮短為 1.5 小時，使徐州對外往來更為便捷。

徐州市區內交通發達，南來北往各路線公車形成綿密的大眾運輸網路；由於公車涵納範圍廣大，使得各機關學校（如徐州一中、徐州醫學院、徐州市政府、徐州師範大學……等）便於遷往新城區、帶動地方開發。目前預計於西元 2016 年完成市內捷運（當地稱為「軌道交通」）的建置，對於徐州市內極度吃緊的市內交通狀況，應有相當程度的緩解作用。

除陸運外，自秦代以來陸續開鑿完成的京杭大運河傍城而過，貫穿徐州南北，負有南北河運的重要任務〔註 27〕；其運送目的主要是將徐州所產煤鐵等礦、及早期淮北鹽場上所生產的海鹽往南北兩地運送。徐州市內大運河沿岸除了有國家級港口萬寨港外，還有邳州、雙樓、孟家溝等港口，這些都是因大量轉運鹽、礦以供應南北各地，而成為華東地區重要的資源集散地，每年的總吞吐量可達兩千萬公噸。大運河近年來更擔負起南水北運的重大使命〔註 28〕。航空交通方面，徐州觀音機場於 2005 年完成，原以國內航班運輸為主；自民國一百（西元 2011）年三月二十八日起，開始有包機以每週兩班的航次，定期航行於桃園機場－徐州觀音機場之間，為兩岸往來更添便利。

現今徐州市的市中心，仍以鼓樓、泉山等區為主。這兩區為徐州長久以來的文化及生活中心，區內百貨商店林立、生活機能完備，無論機關、醫院

〔註26〕早先運行的鐵路車種中，自上海發車北行的動車組，至徐州最快的行車時間為 3.5 小時，沿途只停靠鎮江、無錫、南京、蚌埠、徐州。終點站為鄭州。

〔註27〕京杭大運河是世界上開鑿最早、里程最長、工程最大的運河。北起北京（涿郡），南到杭州（餘杭），全長 1700 餘公里，開鑿迄今已有 2500 年的歷史，是世界上最古老的運河之一。其歷史地位與萬裏長城並稱為我國古代的兩項偉大工程，聞名於全世界。整條運河行經北京、天津兩市及河北、山東、江蘇、浙江四省，主要繫聯了海河、黃河、淮河、長江、錢塘江五大水系。此運河的開通，讓徐州的煤礦得以向南北各地運輸，促成地方經濟發展，居功甚偉。

〔註28〕京津一帶常年處於缺水狀態，因此開始出現「南水北運」的構想與政策。藉由京杭大運河，將南水北運，以供應京津所需。工程主要從南北兩端分別開始疏濬，2008 年前後於徐州附近將管線合龍。

及學校、乃至於古玩及花鳥買賣（徐州花鳥市場，當地簡稱爲「花鳥市」）咸駐於此。重要古蹟如項羽戲馬台、也位在其中。

徐州在歷史上開發甚早，古蹟名勝多不勝數。除前述戲馬台外，楚漢時期的遺蹟以九里區最多；尤其古墓古井成群，自古以來就有「山前九十九口井，山後九十九口塚」之說〔註29〕。此區著名的古蹟，包括有埋葬西漢第六代楚王襄王劉注夫婦的龜山漢墓；以及第三代楚王劉戊在獅子山陵墓內的兵馬俑。其他如劉邦爲紀念戚夫人所築的戚姬苑、九里山古戰場……等，都是漢代古蹟。北宋遺蹟則有與大文豪蘇軾相關的蘇堤（現已湮沒，只留有「蘇堤路」之名做爲紀念）、放鶴亭、快哉亭、黃樓。至於近代歷史遺蹟，首推位於解放路底的淮海將士紀念陵園爲代表，該地正是是徐蚌會戰的所在地，今已設立博物館陳列相關史料。

徐州市區南北兩端各有一湖，除供應當地日常生活所需的魚鮮產品外，也成爲居民休閒時的重要去處。居北的微山湖爲蘇魯交界，同時也是兩省的共管湖泊，沿湖公路周圍處處可見魚塭。位於市南的雲龍湖在雲龍山麓，原爲低地水湮，經整頓後始得今日形貌。如今雲龍湖畔廣植垂柳，盛夏時分垂柳搖曳、湖光瀲瀲，頗具江南秀麗風情。垂柳掩映中，豪華餐廳酒肆林立，近年來更一度以甲魚宴爲尚，引得徐人爭相嚐試。雲龍湖南所建置的水上遊樂區，與倚山而築的漢畫像石博物館隔環湖公路相對，成爲徐州市民遊賞文化、休憩娛樂的重要基地。

徐州市的農漁經濟活動，除上述微山湖區的水產養殖業外，農產品方面則以小麥、玉米、高粱（方言稱之爲「秫秸」）、水稻（方言稱之爲「大米」）爲主；此外花生、棉花、豆類、蔬菜等亦有種植。近年來因交通便利、減短南北運輸時間，且黃、淮二河沖積平原的土壤肥沃，吸引南方大型企業到徐州農村大規模開發土地，以機械化方式栽培生產四季蔬菜，以供應北方市場所需。目前農村處處可見以磚牆整齊圈圍起的大面積長方形農地，上覆防寒塑膠布，並在入口處搭一小屋供僱農看守或擺放器械之用，形成徐州農村新興的特殊景觀。筆者於民國九十九（西元 2010）年元月赴徐州農村時，就眼見酷寒嚴冬中，僱工忙於砌牆疊磚，切割一塊塊無垠田地，以備春初播種栽

〔註29〕見清・杜文瀾輯《古謠諺》，引顧炎武《天下郡國利病書》之語。此處所指的「九十九口井」及「九十九口塚」，是指徐州獅子山（舊稱楚王山）週邊遍布古井與古墓，倒不一定是指山前山後。見《古謠諺》卷二十七。（台北：世界書局，2009 年 8 月四版二刷），頁 419。

種經濟蔬菜。

農產之外，徐州市內採集煤礦的歷史悠久，歌謠中就有「賈汪一圈都是煤」的句子，正是指市內賈汪區周圍地下，曾經全是煤礦的盛景。該地所生產的煤礦由大運河向南北運輸；這也是市內沿大運河港口如邳州港、雙樓港、孟家溝港等港口至今仍是重要煤礦集散地的主因。唯徐州市內煤礦因長期開採而挖掘一空，自八〇年代前後已不再大量生產煤礦；舊有礦地因過度開採，導致礦脈所在的地底被掏空，在人員及機具全面撤出後，使地表陷落成湖。如今市政府在陷落湖區鼓勵農民投入水產養殖業，同時在陷落湖邊開發休閒產業及溼地生態園區，打造另一番水鄉風貌。

產煤時期所建立的生產環境，爲徐州市打下厚實的重工業基礎：如今徐州市的機械、電力、建材、冶金、煙草〔註30〕等行業，仍是主要經濟活動項目，也是徐州市的經濟命脈。徐州學界亦以工業開發爲主要教研方向，馳名的中國礦業大學就位在徐州市內；此外，徐州還有徐州工程學院、徐州建築學院、徐州工業學院、中國人民解放軍徐州工程兵指揮學院等與工業實務相關的教育機構。

承上所述，基於重工業的發達，徐州已成爲鄰近地區與重工業相關的生產、交易集散地。徐州市郊區四處可見超大型建材、重機械、冶金等集散市場，動輒以「機械城」、「建材城」名之，其面積亦確有小城規模。漫天塵土中，郊區街市間則四處可見散賣或修治電機、機械等器材的店面，與江南以觀光所帶動的細膩整潔風情大相逕庭；箇中粗獷不羈的調性，常令初次到訪的外地人印象深刻。至西元 2009 年底，全徐州市人民的生產毛額（GDP 指數）爲 2309.16 億人民幣，高於全江蘇省平均值 1.5%，居全江蘇省第三；經濟實力不容小覷。

以世界地理位置而言，徐州市位居歐亞大陸橋中國段的五大中心城市之一〔註31〕；就國內的戰略意義上來說，則有北通京津、南達滬寧；西接蘭新、東控黃海的重要價值及交通意義，不但是我國重要水陸交通樞紐和東西、南北經濟聯繫的重要十字路口，更在在航運、工業等向度上亦具有代表性地位，

〔註30〕 徐州卷煙廠爲江蘇省內三大煙廠之一，所生產的「紅杉樹煙」更與南京煙廠所生產的「蘇煙」並峙爲江蘇省最暢銷兩大煙品。該廠及其子企業全年總營業額早已擠入中國百大企業之中。雖近年來收歸省營，盛況大不如前；但仍是徐州市重要的代表產業之一。

〔註31〕 中國段的五大中心城市分別是徐州、武威、哈密、土魯番、烏魯木齊。

其諸多重要性不難想見。

第三節　連雲港概述

一、歷史上的連雲港市

連雲港地區自秦代起，就是中國最重要的對外港口之一。上古時期，此地屬九州中的青州〔註32〕；夏、商時則爲東夷的一部分；春秋時代成爲魯國東境，歸郯國地界〔註33〕。其後連雲港地區在歷史上主要以海州或東海郡爲名行世，歷代變革整理如下：

1. 秦：秦置朐縣、隸於東海郡
2. 漢置東海郡、郡治瑯琊〔註34〕
3. 三國：魏改爲東海國
4. 西晉：東海郡，朐縣仍屬之。
5. 東魏初設青州，武定七（西元549）年收贛榆、東海等數郡入海州、治在龍苴。此爲海州〔註35〕之名初現，**從此海州成爲徐州以東至海地域的泛稱。**
6. 隋煬帝大業三（607）年復置東海郡；
7. 唐武德初復名海州；
8. 元至元十五年置海州路，後改海寧府、海寧州。
9. 明洪武元（西元1368）年劃分海州〔註36〕地界之後，「海州」一直沿用；

〔註32〕〈尚書‧禹貢〉：「海岱惟青州。」〔清〕孫星衍撰：《尚書今古文注疏》，（臺北市：文津出版社，民76），頁151～153。
〔註33〕許慎《說文》：「郯，東海縣，帝少昊之後所封。從邑炎聲。」段玉裁注：「東海郡郯二志，同今山東沂州府郯城縣。縣西南百里有故郯城。」見〔漢〕許慎撰／〔清〕段玉裁注《說文解字注》，（臺北：黎明文化，1993年7月10版），頁300。
〔註34〕見《說文》，同註36。
〔註35〕據《中國地名大辭典》：東魏時改青州爲海州，同註21，頁723。連雲港市現今實際海岸線長度爲162公里。
〔註36〕《明史‧卷四十‧志十六‧地理一》：「海州元曰海寧州。洪武初，復曰海州，以州治朐山縣省入。北有於公、白溝等浦，皆產鹽。南有惠澤、西北有高橋二巡檢司。南距府二百七十裏。領縣一：贛榆州北。西北有羽山。東濱海。東北有荻水鎮、南有臨洪鎮二巡檢司。」

10. 清世宗雍正二（西元 1724）年更將海州升爲直隸中央的直隸州之一〔註 37〕。

11. 民國元年改隸屬江蘇省。至今所稱的「連雲港市」之名，是在西元1961 年時更名而定。

二、連雲港市現況

連雲港市位於江蘇省東北部〔註 38〕，與西鄰徐州市並峙於蘇北地區。連雲港市東臨黃海，南與淮安市接壤；西以馬陵山與徐州市爲界；北則與山東省的日照、臨沂兩市相比。土地總面積爲 7499.91 平方公里〔註 39〕，佔江蘇省面積 7%〔註 40〕；人口數至 2007 年底爲止，達到四百八十二萬餘人（4,822,293），佔全省人口數 6.5%。

連雲港市現爲江蘇省的地級市之一，在行政區域劃分上，下有三個市轄區及四個市轄縣。位於市區內的市轄區，分別爲新浦（新開發）區、連雲區（連雲山系週邊）及海州（中心舊城）區。市轄四縣則爲贛榆縣、東海縣、灌雲縣及灌南縣〔註 41〕。

連雲港地區地勢爲西高東低的濱海地形，西部爲雲台山區；東部屬於濱海平原。連雲港市的東部濱海平原，自古就是國內海鹽的重要產地，位居我國四大海鹽鹽場之首〔註 42〕。另一方面，連雲港市所臨的黃海海州灣，漁業資源豐富，也成爲中國的重要漁場。

地理位置的特殊固然造就了連雲港市獨特的漁鹽產業，但是相對而言，濱海的沖積土壤並不適合農業耕作。自古以來，海州始終不離「水鹵地瘠、米粟不豐〔註 43〕」的狀態；今日看來，連雲港地區憑恃其獨有的重要地理位

〔註37〕 《清史稿・卷五十八・志三十三・地理五》：「雍正二年，升太倉、邳、海、通四州爲直隸州。」

〔註38〕 連雲港市地理座標爲東經 118°24′ ～119°48′，北緯 34°～35°07′。

〔註39〕 包含東連島、西連島在內的九個島嶼，及大小礁石十一座。

〔註40〕 江蘇省總面積見註 25。

〔註41〕 直到 1983 年市地改制之前，中華人民共和國政府都仍把贛榆、東海、灌雲三縣歸入徐州市管轄。

〔註42〕 中國四大鹽場分別爲長蘆鹽區（河北）、遼東灣鹽區（東北）、萊州灣鹽區（山東）、以及淮北鹽區。其中淮北鹽區因爲四季日照充足、海灘線長，最適合海鹽生產。

〔註43〕 見許厚文、崔月明主編《連雲港藝文志》，（瀋陽：瀋陽出版社，2001 年 6 月），頁 3。

置及地形地貌,「靠山吃山、靠海吃海」,發展出特有的經濟型態;利用海運與其他地區通有運無,彌補了民生物資方面的短絀、更進一步以其海港位置,成為我國重要的原物料集散口岸。包括遠洋及國內航線,都在此運行。

近年來,連雲港市積極開發旅遊觀光業,如雲台山系的眾多景點,與《西遊記》中花果山多有彷彿之處,被認為是吳承恩靈感來源,當地政府也因應此一地景,開發成為「花果山遊樂區」,成為遊客探奇的重點之一。又如東海縣出產的水晶及石英礦,除供應工業生產、並帶動週邊城市飾品加工業外,也成為發展觀光的一項號召;還有東海縣內的海底溫泉,也是吸引觀光客的重點特色之一。由於鐵路交通便捷、民眾生活水準提昇,短距旅遊市場逐漸成形,「東海一日遊」開始此成為鄰近連雲港地區居民的休閒新選擇。

整體而言,連雲港市內交通路線及大眾交通工具仍有待拓展;城市的基礎建設亦在努力跟上現代化的腳步中,對於自助旅行者或自行造訪的研究者而言,所需學習克服的挑戰仍在;此外,文教建設方面亦有待明日。

第四節　蘇北人文背景

一、齊魯文化與楚巫文化結合

如果以江蘇省全境的民俗文化相互比較,地處北方的徐、海二州,在人文風俗的分類上,被劃歸為「徐俗區」〔註44〕;然而若就全國性的地理文化內容觀之,則徐海兩地的文化,與比鄰的齊魯文化則有著密切的關係〔註45〕。

所謂的「齊魯文化」,是指上古時期周代封國齊國與魯國轄內的文化風

〔註44〕殷光中:〈江蘇南北民俗文化比較研究〉,《民俗研究》(山東濟南:山東大學,1994 年第 1 期),頁 5。

〔註45〕「齊魯文化」在近年已成為中國內地的顯學之一,相關研究及著述數量與日俱增。主要研究單位為山東師範大學所成立的齊魯文化研究中心,其研究主力即在於研究齊、魯兩地文化及其對中國文化的影響。該研究項目受到中共中央政府支持,成為研究山東地區區域文化的重要工作。相關研究除成立網頁 http://www.gjj.cc/ShanDong/DaXue/qlwh_sdnu_edu.htm 定期公佈研究成果及相關資訊外,研究著作多交由山東省濟南市齊魯書社出版。主要研究作品集如王志民、張富祥著《齊魯文化通史》(北京:中華書局,2004 年 12 月);劉宗賢主編《魯文化研究》,(濟南:齊魯書社,2007 年 1 月);郭墨蘭、呂世忠等著《齊文化研究》,(濟南:齊魯書社,2006 年 11 月);牟鐘鑑等著《全真七子與齊魯文化》,(濟南:齊魯書社,2005 年 7 月);逢振鎬著《東夷文化研究》,(濟南:齊魯書社,2007 年 1 月),等十餘種圖書資料。

氣。西周時期，齊國定都臨淄，建國之初，姜太公致力於「通商工之業、便魚鹽之利，而人民多歸齊〔註46〕」，故使國力鼎盛而致「齊爲大國」、「世爲強國〔註47〕」。

相較於齊國富得漁鹽之利，魯國則是「頗有桑麻之業，無林澤之饒〔註48〕」；該國的發展重心始終不在於經濟開發，反而以維持社會秩序，使人民安居樂業爲首要之務。魯國上承周朝禮樂典儀，甚至因周公佐政有功，「成王乃命魯得郊祭文王。魯有天子禮樂者，以褒周公之德也〔註49〕」，時人已稱「周禮盡在魯矣」，更強調「吾乃今知周公之德，與周之所以王也〔註50〕」。

齊魯兩國的治國策略同時影響兩地人民的生活態度。齊國基於爲民興利之故，將「通商工之業、便魚鹽之利」的目標變成一種生活態度。在姜尙家族的努力之下，使原本「地舄鹵，人民寡」的地方，轉而成爲「冠帶衣履天下，海岱之閒斂袂而往朝焉〔註51〕」的大國，其後管仲「設輕重魚鹽之利，以贍貧窮，祿賢能〔註52〕」更使齊邁向春秋霸主之位，其務實態度由此可見一斑。

反觀魯國因爲「地小人眾，儉嗇，畏罪遠邪〔註53〕」，格外彰顯出禮教對安定社會所貢獻出的重要性。該國以周禮爲主要精神及行政準繩，培養出人民「敬天法祖」的崇禮態度、與「尊尊親親」的道德及秩序感，是一種著重在精神層面的德治態度。齊、魯兩國地緣相近、交互影響的結果，使彼此在治國本質上的歧異，融合發展後轉變成爲文化上的多元風格。這種特質在《徐州府志》中有相當貼切的描述〔註54〕：

> 徐之西，蕭、碭、豐、沛，……其民猶有先王遺風，重厚、多君子、好稼穡、惡衣食，以至蓄藏。其東睢、邳、宿，……其民有聖人之教化，上禮義、重廉恥。故沛楚之民樸直舒徐，鮮詐僞、器不雕幾，衣不紈綺，其士大夫重然諾，貞潔女子未嫁不出戶窺嬉，

〔註46〕見《史記・貨殖列傳》，同註20，第4冊，頁3265。同註14。
〔註47〕見〔漢〕桓寬著《鹽鐵論・輕重第十四》，（臺北：三民書局）
〔註48〕同註20，頁3266。
〔註49〕見《史記・魯周公世家》，同註20，第2冊，頁1523。
〔註50〕見鬱賢皓等注釋，《新譯左傳讀本》，《左傳・昭公二年》。（臺北：三民書局，2002年9月），下冊，頁1261。
〔註51〕見《史記・貨殖列傳》，同註20，第4冊，頁3255。
〔註52〕見《史記・齊太公世家》，同註20，第2冊，頁1487。
〔註53〕同註20，頁3266。
〔註54〕見《徐州府志》，同註8，頁677～678。

　　　寡婦或詬罵攘袂，男子勿敢交鬥。

　　特別的是，從上述「寡婦或詬罵攘袂，男子勿敢交鬥」可知，蘇北地區的女子性格強悍自古已然；且社會上對女性頗爲尊重，歧視女性一事至少在這段描述中完全未曾顯現出來。簡言之，蘇北民眾具有務實直爽、急公尚義、崇禮尚學、重然矜諾等性格特色，再融合了蘇北地區本有的東夷文化、以及先秦後期受楚文化影響下蔚然成風的崇巫信仰之後，更使得蘇北地區的文化底蘊累積豐厚的能量，並直接影響了當地人民的生活態度與習俗、甚至是對玄異事物的尊重。

　　這些人文背景上的特質反映在歌謠中，最直接的證據就是具有一定數量、且過程細膩的儀式歌：無論吉凶慶弔，蘇北地區總有相應的禮俗與儀式，協助儀式進行得順利圓滿、並使參與者的心理得到慰藉與安適。雖然因著時代的進步，部份儀式隨生活型態及氏族功能的改變日漸凋蔽；但是在多數民眾心目中，仍存有「禮不可廢」的觀念，如地方耆老們對婚儀的重要性強調再三就是一例〔註55〕，足見地方上對傳統文化的重視。而儀式歌中具有特殊用途及對象的訣術歌（如驅邪、禳災、祈雨、安魂、咒蟲、開光……等），也成爲蘇北儀式歌的特色之一。相關論述，請參見本文第肆章第三節。

二、天災人禍頻仍

　　蘇北地區天災人禍頻仍，對於該地百姓日常的生活態度及處事風格亦大有影響。

　　以徐州爲例，春秋中期以後，由於南北政治勢力的競爭，致使地處緩衝地帶、卻無意與外爭戰的徐國不再能倖免於國際戰局之外，先是成爲晉楚相爭的籌碼；後又成爲吳楚爭霸的重要標的〔註56〕；直到戰國末年，徐州依舊難逃金戈鐵馬的蹂躪〔註57〕。

〔註55〕筆者曾親聞地方耆老們指責著因受西方宗教影響，少數年輕人在婚儀中略過「分大小」的過程；更直言其實「分大小只是介紹新人認識家族成員的過程，然現代年輕人不明究裡，逕自以爲此舉是爲迷信守舊而予以取消，使得家族蒙羞。」參見「2010徐州採錄影音資料」。
〔註56〕相關古史請參見〈史記‧周本紀〉、〈史記‧秦本紀〉、〈史記‧楚世家〉、《左傳》等史冊。
〔註57〕見《史記‧越王句踐世家》；「……越遂釋齊而伐楚。楚威王興兵而伐之，大敗越，殺王無疆，盡取故吳地至浙北。北破齊於徐州，而越以此散，諸子爭立……服朝於楚。」同註14，頁1751。

　　古代學者屢屢指出，蘇北地區之所以引人側目，除了因爲地處南北交接的過渡地區之外；同時也由於本區地勢平緩、土地肥沃，乃至「一熟可資數歲〔註 58〕」，故而成爲兵家必爭之地。如清初輿地大家顧祖禹在其著作《讀史方輿紀要》中，就曾臚列南朝及歷代各家將領對徐州軍事地位評述，眾口一致皆對於地扼南北陸路交通咽喉的重要位置再三強調：認爲要取江淮，非得由徐州入手；「若失徐州，是失江淮也〔註 59〕」、「南守則略河南、山東，北守則瞰淮泗，故於兵家爲攻守要地〔註 60〕」。時至民初，革命黨人黃興也曾指出：「南不得此，無以圖冀東；北不得此，無以窺江東。勝負轉戰之地也。〔註 61〕」。

　　至於海州，其地理上的軍事價值與徐州相當，大致不出「海、泗者，東南之藩蔽，得泗可以取淮北，得海可以收山東」之類的論調〔註 62〕。大致而言，咸以爲海州控有水陸交通之便、是可進可退的重要口岸。

　　蘇北基於戰略位置的特殊，扼進出華北之咽喉，所以古來屢經戰事洗禮，其中距今最近、也是危害最烈者，莫過於國共內戰時所發生的徐蚌會戰，今在徐州市內有淮海戰士紀念陵園〔註 63〕，紀錄整理當時戰況。即使已隔半世紀之遙，筆者探訪其中時，眼見各項照片、文字記錄，仍不免爲當時的慘烈戰況感到心膽俱寒〔註 64〕。

〔註 58〕語出蘇軾，見（明）顧祖禹《讀史方輿紀要・南直卷十一》，（北京：中華書局，2005 年），頁，原文如下：「徐州爲南北襟要，京東諸郡邑安危所寄也。其地三面被山，獨其西平川數百里，西走梁、宋，使楚人開關延敵，眞若從屋上建瓴水也。土宜菽麥，一熟可資數歲。其城三面阻水，樓堞之下，以汴泗爲池，惟南面可通車馬，而戲馬台在焉。其高十仞，廣袤百步，若用武之世，屯千人其上，築戰守之具，與城相表裏，而積三千糧於城中，雖用十萬人，不能取也。」

〔註 59〕見唐李泌言。出處同註 61。

〔註 60〕見宋陳師道言。出處同註 61。

〔註 61〕見丁愛華編《徐州史話》，同註 22，頁 11。

〔註 62〕語出南宋王應麟，出處同註 61。

〔註 63〕位於徐州市解放南路上。

〔註 64〕民國三十七年十一月至次年一月的「徐蚌會戰」，中華人民共和國稱之爲「淮海戰役」。爲國共內戰中的三大重要戰役之一，歷時五十五天的戰役中，雙方沿隴海、津浦兩條鐵陸展開大戰，死傷人數共逾五十萬人，戰況之慘烈，古今罕見。此役扭轉了國共雙方的對峙態勢；國民革命軍中黃埔軍系於此戰中折損大量兵將，國府因此節節敗退，終至造成次年蔣介石下野、甚至是國府播遷來台的結果。今於徐州市內樹有「淮海陣亡將士紀念碑」及淮海公園、淮海戰役紀念館；館內陳設當時戰爭所用武器及歷史影像、圖片，足爲後人戒惕戰爭殺戮的殘忍與無情。

　　既有如此引人覬覦的地理位置、更兼長期身處鐵蹄踩躪之下，蘇北地區人民對戰事已司空見慣，形成「（徐）人頗鷙悍〔註65〕」、「剽悍輕捷〔註66〕」的性格，則亦不足爲怪

　　另一方面，徐州飽受黃河氾濫、改道等之害；海州則深受颱風、海嘯肆虐之苦，兩地人民長期處於顛沛流離、家破人亡的艱難生活中。外在環境的惡劣，使得蘇北人民在面對周而復始的摧毀、重建過程時，造就出超乎尋常的韌性與剛毅沉靜的硬頸性格；也使得蘇北民風剛猛強悍、卻又重義矜諾、樂於互助與分享。表現在教育風氣上，蘇北處處可見武術學校，習武練功以求自救救人的心態蔚然成風；以此表現在民歌內容中，則在時政歌類中多有呼應起而出征的豪氣從軍歌謠激勵人心；勞動歌中也多有與天爭利、頑抗命運的內容出現。在語氣上，少有溫婉柔旎之作：即使連男女訴情的情歌也是如此；甚至連兒歌都顯得鏗鏘有力。

三、中原官話區

　　《徐州府志》：「宋，殷先王之裔也，故其詩列於頌曰：『武王載斾，有虔秉鉞，如火烈烈，則莫我敢遏。』其音剛克果毅，以武定國。……其後地入於荊，號曰東西楚。沛楚之民乃操楚音，沛人語初發音皆言『其其』者，楚言也。〔註67〕」

　　上文中「沛楚之民乃操楚音」，在其下明載文引自《漢書‧地理志》，並作註記：「沛楚之民乃操楚音：漢代沛郡、楚國（諸侯國）皆爲故楚地，當通行楚語。楚人溯其源來自中原移民，殷末大亂時，楚國始祖鬻熊率族人從今河南遷居今湖北境內，故楚語仍屬華夏族語言而有所演變。〔註68〕」是以知蘇北方言可遠溯以楚音爲基礎；而後歷經多次民族大遷徙，揉雜以各地方言後，成就今日面貌。以學術觀點分析，則今日的蘇北方言屬於中原官話的一部份。

　　中原官話主要分佈於河南、陝西關中、山東南部爲中心，覆及江蘇、安徽、山東、河北、河南、山西、陝西、甘肅、寧夏、青海、新疆等共390個

〔註65〕　見《中華全國風俗志》，見《中華全國風俗志‧上篇卷二‧江蘇徐州條》，（河北：河北人民出版社，1986年），頁13。

〔註66〕　見《史記‧貨殖列傳》，同註20。

〔註67〕　見《徐州府志》，同註8，頁678～679。

〔註68〕　同註8。

縣市；其中又可細分爲鄭曹、蔡魯、**洛徐**、信蚌、汾河、關中、秦隴、隴中、南疆等九片。蘇北地區可依徐州與連雲港兩大行政區各自歸屬，如徐州是屬於「中原官話──洛徐片」，主要使用地區自河南洛陽南向直到江蘇徐州。至於連雲港市及其所轄地界所使用的方言，則以「中原官話──鄭曹片」爲主〔註69〕。

〔註69〕見中國社會科學院，澳大利亞人文科學院合編：《中國語言地圖集》，（香港：朗文，民77年），中原官話頁。

第參章　蘇北歌謠的採集與成果

　　本論文所研究的蘇北歌謠，主要爲西元 1984 年 4 月至西元 1987 年 12 月間，由大陸所發動的搶救民間文藝工作下所完成的採錄內容；其次爲筆者自行採集與文獻整理所得。

　　西元 1984 年四月，大陸的文化部、國家民族事務委員會及中國民間文藝研究會聯合簽發「文民字（84）第 808 號：〈關於編輯出版《中國民間故事集成》、《中國歌謠集成》、《中國諺語集成》的通知〉」；文件中並附有中國民間文藝家協會的前身（中國民間文藝研究會）所起草〈關於「三套集成」的編輯方案與意見〉。基於這份文件所建立的規範及方向，正式確立由西元 1981 年起開始蘊釀構思的民間文學大規模普查政策的落實執行，也展開了實際的民間文學普查行動。此項大規模且全國性的田野調查及採錄活動，自西元 1984 年起至西元 1987 年底宣布告一段落，進入編選階段〔註1〕爲止總計爲時四年。

　　這個全國性的民間文學普查活動，主要以三項特性（科學性、全面性、代表性）〔註2〕爲收錄原則，從最基層的鄉鎮地區開始，將所收錄到的資料篩

<hr>

〔註1〕中國民間文藝學總編委會於 1987 年 9 月 7 日至 9 月 11 日在杭州召開工作會議，宣布民間文學的普查工作告一段落，接著進入第二階段「編選活動」。詳見《中國民間文學集成通訊》，1987 年第 1 期。

〔註2〕根據中國民間文學集成總編委員會辦公室編印《中國民間文學集成工作手冊》（中國‧北京，1987 年編印）之〈關於編輯出版民間文學三套「集成」的意見〉所規定：各地所有採錄所得的作品，一律以「三性」作爲取捨的定奪標準。所謂「三性」指的是「科學性」、「全面性」與「代表性」。簡言之，「科學性」指的是採錄過程及轉錄過程符合科學性，不摻雜採錄者個人主觀文字；同時對於採錄時的人文背景及環境條件需於文末清楚註記。「全面性」則是尊重所有被採錄者，將採錄所得作品完整呈現，不可以主觀意見任意刪略。「代

選，挑出具有地方代表性的作品，再逐級向上選編入各縣卷、省卷，完成「中國歌謠集成」、「中國民間故事集成」及「中國諺語諺語」。其中「歌謠集成」部份，依相關文件及編輯會議決定，將各地歌謠統一劃分爲以下各類〔註3〕：

> 勞動歌
>
> 時政歌
>
> 儀式歌
>
> 情歌
>
> 歷史傳説歌
>
> 生活歌
>
> 兒歌
>
> 雜歌

　　循此規範及條目，各地將所採錄的歌謠逐一清整篩選後彙集出版。以江蘇省所採錄的作品爲例，已整理完成並出版的集成計有《中國歌謠集成——江蘇卷〔註4〕》及《中國歌謠集成——上海卷〔註5〕》兩卷；這些都是以各縣卷爲基礎，所選編出來最具代表性的地方歌謠。本章將整理臚列研究中所使用的蘇北地區歌謠集成，說明其採錄成果、相關出版資訊，及各文本的特色。

第一節　徐州市歌謠採集與成果

　　本論文中所研究之徐州市歌謠，現今主要存放於徐州師範大學圖書館典藏室中〔註6〕。其中收錄徐州市轄下各地歌謠採錄成果。

　　表性」則是透過不同的比較基準，不斷反覆推敲出最具代表性的作品。如同一地區中，必有具代表性與不具代表性的作品；同一文類中，也有具代表性與不具代表性的作品。需加以審慎比較，將最具代表性者收錄於中。參見劉錫誠著《20世紀中國民間文學學術史》，（河南‧開封：河南大學出版社，2006年12月），頁730。

〔註3〕據《睢寧縣民間文學集成——第二卷》的卷首凡例中載明，歌謠編目是根據〈關於中國民間歌謠集成編輯方案與意見〉爲次第。見《睢寧縣民間文學集成——第二卷》，頁5。

〔註4〕中國民間文學集成全國編輯委員會，中國歌謠集成江蘇卷編輯委員會編《中國歌謠集成－8，江蘇卷》，（北京，1998年第一版）。

〔註5〕中國民間文學集成全國編輯委員會，中國歌謠集成上海卷編輯委員會編《中國歌謠集成－16，上海卷》，（北京，2000年第一版）。

〔註6〕徐州師範大學，位於江蘇省徐州市銅山新區上海路101號。

一、徐州市民間歌謠

　　徐州市民間歌謠，主要指收錄於「徐州市民間文學集成編輯委員會」所編輯之《徐州民間文學集成——下，歌謠卷〔註7〕》中的歌謠。本集成屬於地級市自編卷，全集分上、下兩冊，上冊爲「故事卷」，下冊則爲「歌謠卷」及「諺語卷」；由江蘇省江蘇文藝出版社於西元 1991 年 12 月出版。此集成輯錄徐州市各地的採錄結果，依條目共收錄歌謠三百八十九首。其中各類歌謠狀況整理如下：

歌　謠　分　類	數　　　量
勞　動　歌	26
時　政　歌	91
儀　式　歌	59
情　　　歌	42
生　活　歌	39
歷史傳說歌	11
兒　　　歌	103
雜　　　歌	18

　　在《徐州民間文學集成——下，歌謠卷》中值得一提的是，除選錄所轄之銅山、新沂、邳、沛、豐、睢寧等各縣歌謠外，也收錄徐州市區內各轄區具代表性的歌謠。這一點從其中所收錄的煤礦歌謠中可知〔註8〕：由於徐州市煤礦主要集中於徐州市區週邊，所以礦區歌謠足以反映代表出徐州市區的經濟及工業特質。

二、銅山縣民間歌謠

　　銅山縣民間歌謠，主要收錄於西元 1988 年 6 月、由銅山縣民間文學三套集成辦公室編彙編完成的《銅山縣民間文學集成——民間歌謠》中。另有銅山縣轄各鄉鎮所收錄的民間歌謠：包括有《何橋鄉民間歌謠集成》、《漢王鄉

〔註7〕徐州市民間文學集成編輯委員會編《徐州民間文學集成》，（江蘇：江蘇文藝，1991 年 12 月第一版）

〔註8〕如〈礦區民歌歌謠〉中就有「夏橋韓橋肩靠肩，青山泉、大黃山，曲裡拐彎到黃山，徐州轉圈都是炭」的句子，其中「夏橋」、「韓橋」、「青山泉」、「大黃山」所指都是徐州市內的煤礦礦名。徐州煤礦主要開採地點，集中於徐州市內。

民間歌謠集成》等。

《銅山縣民間文學集成——民間歌謠》中，共收錄採集自銅山縣各地的民間歌謠三百一十五首。其歌謠分類及數量概況如下：

歌 謠 分 類	數 量
勞 動 歌	6
時 政 歌	50
儀 式 歌	25
情 歌	31
生 活 歌	20
歷 史 傳 說 歌	6
兒 歌	98
雜 歌	79

銅山縣歌謠數量爲徐州市所轄各地採錄數量之最。較特別的是，銅山縣的儀式歌中，有七首爲訣術歌：分別用於上樑、壯膽、祈祝風調雨順、收驚、收魂、對治小兒夜哭等日常生活需求。又，銅山縣的兒歌也是採錄成果的大宗；其他各地所收錄的兒歌，銅山縣亦多有收錄。此外，雜歌中的〈千家贊〉，集合了四十四首以不同對象爲主的贊歌，這也是銅山縣歌謠的一項特色。這些都反映出銅山縣地傍徐州市中心，大量接受各地文化交流所致的成果。

所謂的「贊歌」，據地方耆老指出，是在新年期間，串街走巷的街頭藝人（或乞者）爲討喜錢所用的。其進行的方式有兩種：一是街頭藝人固定於一地，隨機視過往者狀況歌之；另一種較爲常見的是由街頭藝人四處走動，主動對人道喜唱贊，以祈唱贊對象能慷慨解囊賞出紅封。這些由藝人們隨機唱出的歌謠就被稱爲「贊歌」。其詳細內容，請參見第陸章第二節「雜歌」試探。

《何橋鄉民間歌謠集成》，由「何橋鄉民間文學三套集成辦公室」彙編而成。何橋鄉位於銅山縣西北隅，距徐州市車程約一小時。

何橋卷主要採錄人爲蔣均亮，生於民國七（西元 1918）年。原爲何橋小學的教師，退休前後正逢三套集成採錄工作展開時。何老師基於對民間文學的興趣而全心投入其中。筆者於西元 2010 年元月間探訪蔣先生，並蒙蔣老師熱情指導相關問題。

漢王鄉位於銅山縣，《漢王鄉民間歌謠集成》亦爲地方鄉卷歌謠集成。

三、邳縣民間歌謠

　　邳縣民間歌謠，主要收錄於由「邳縣民間文學集成委員會」所編纂之《邳縣民間文學集成——邳縣資料本，民間歌謠諺語卷》中，西元 1988 年 12 月出版。該卷共收錄邳縣各地歌謠二百五十五首，其分類及數量概況整理如下：

歌　謠　分　類	數　　量
勞　動　歌	12
時　政　歌	52
儀　式　歌	30
情　　歌	71
生　活　歌	48
歷史傳說歌	16
兒　　歌	25
雜　　歌	4

　　整體而言，「邳縣歌謠卷」具有以下特點：

　　一，邳縣勞動歌中，對於剪紙與賣針多所著墨，尤其與剪紙相關的歌特別引人注目，此特色反映出剪紙是邳縣特有的民間技藝之一。

　　二，邳縣歌謠樸眞不加文飾，在各類歌謠中皆可印證：時政歌用字直接、尖銳幽默；情歌文字大膽露骨，爲蘇北各卷之最，完全展現出眞實口語與不同的地方風情。

　　三，蘇北歌謠中，邳縣所收錄的長篇敘事歌情節最爲完整，無論是〈茱園大戰〉、〈百草蟲弔孝〉、或是以「黑」爲主題的〈一窩黑〉，都有豐富完整的情節，極具趣味性。

　　其四，邳縣歌謠中也收錄了許多叫賣歌，包括〈賣針謠〉、〈賣膏藥〉、〈五香麵（粉）歌〉、〈草藥謠〉等，都具有時代意義及地方代表性，更記錄了相關行業的行跡。

　　其五，邳縣雜歌中，還有〈唱花項〉系列，該歌謠爲乞者乞討時所唱，其功能類似於〈蓮花落〉，然歌中語氣不卑不亢，顯示出乞者的自尊及自重；有些甚至還帶有劫富濟貧的豪氣在其中，相當值得玩味。相關細節，請參看第陸章第二節。

四、睢寧縣民間歌謠

睢寧縣民間歌謠，主要收錄於由「中共睢寧縣委宣傳部」、「睢寧縣文聯」、「睢寧縣文化局」等單位共同編著的《睢寧縣民間文學集成——第二卷》中，出版時間為西元 1989 年 3 月。卷中收錄歌謠一百三十八首，分類及數量概況整理如下：

歌 謠 分 類	數 量
勞 動 歌	1
時 政 歌	18
儀 式 歌	17
情 歌	13
生 活 歌	26
歷史傳說歌	3
兒 歌	35
雜 歌	17

睢寧縣歌謠卷可稱得上是蘇北各地縣卷歌謠中，編輯相對嚴謹的一部：除了於卷首詳細列錄縣轄各鄉歌謠的收錄數量及狀況外，也對於被收入縣卷的數量清楚明載〔註9〕。另一方面，睢寧縣歌謠還有以下特點：

一、睢寧縣時政歌，不同於蘇北其他各地時政歌大量收錄抗日及國共內戰時期歌謠的風格；反而以針砭中共建政後的政風及庶民觀點為主。特別對「三面紅旗」前後所實施的政策著墨較多。歌謠內容一語中的，善於使用隱喻、比擬等手法，使官員形貌躍然紙上，活靈活現〔註10〕。

二、睢寧歌謠風格，相對於豪放率性的邳縣歌謠，顯得內斂沉穩，情歌表現得中規中矩，沒有大膽狂放的文字；雜歌、生活歌也以勸世歌為主，彰顯出歌謠的教化功用。

五、新沂縣民間歌謠

新沂縣民間歌謠集成，是由「新沂縣民間文學三套集成編委會」編輯，

〔註9〕 如〈凡例〉中言，共收錄全縣 27 鄉鎮歌謠共 138 首；演唱者 51 人，採錄者 70 餘人。
〔註10〕 如〈蝸牛兒，大螞蚱〉、〈大幹部、小幹部〉、〈公章不如私章〉……等皆是。

收錄於《新沂民間文學集成——第二卷》中；並於西元 1988 年 6 月出版。其中共收錄新沂縣各地歌謠二百二十六首。歌謠分類及數量概況如下：

歌 謠 分 類	數 量
勞 動 歌	4
時 政 歌	33
儀 式 歌	26
情 歌	33
生 活 歌	26
歷史傳說歌	1
兒 歌	100
雜 歌	2

新沂縣的地理位置，位居徐州市最東側，與連雲港市為鄰。因此在歌謠中常可見到與連雲港市歌謠互為異文者；尤其以兒歌最為明顯。除此以外，新沂歌謠尚有以下特點：

一、新沂縣歌謠中，僅收錄四首勞動歌。除〈扒河〉一曲是以扒「新沂河」為背景而產出的勞動歌謠外；其餘三首勞動歌皆以起造房屋為主題；歌謠內容則類近於上樑時的儀式歌，具有討口彩的作用。

二、不同於睢寧縣時政歌以針砭時政為主，新沂縣的時政歌完全合於卷首〈概述〉所言，「……（時政歌謠）常常被當作喚起民眾的武器來運用〔註11〕，內容幾乎全部都是以抗日戰爭、或國共內戰時期的為背景、以鼓勵人民奮勇出征為主題的歌謠。

三、新沂縣歌謠中，兒歌佔歌謠總數近二分之一，其涵蓋內容廣泛，除遊戲歌外，「顛倒歌」是新沂兒歌的大宗：舉凡違反邏輯、常理的歌謠，或名之為〈說空〉；或名之為〈扯八〉，或直接名之為〈顛倒歌〉或〈顛倒語〉……等名，極具趣味性及邏輯思考的效果，亦是為新沂歌謠的特色。

第二節　連雲港市歌謠採集與成果

本研究中所引用的連雲港市歌謠，主要主要取材自《連雲港民間文學集

〔註11〕見《新沂縣歌謠集成》，頁 1。

成——歌謠卷》、《連雲港民間情歌》、《海州童謠》及《海州藝文志》等。茲
介紹於後。

一、連雲港民間歌謠

連雲港市民間歌謠，收錄於由彭云等人主編之《連雲港民間文學集成—
—詩歌卷》中，西元 1992 年 7 月由江蘇文藝出版社出版。其中收錄歌謠狀況
如下〔註12〕：

歌 謠 分 類	數 量
勞 動 歌	29
時 政 歌	39
儀 式 歌	23
情 歌	127
生 活 歌	76
兒 歌	258
雜 歌	10

《連雲港民間文學集成——歌謠卷》最大的特色，在於無論是哪一類的
歌謠，大多都以描述社會底層百姓的痛苦悲哀與無奈爲主題：其中主角又以
鹽場上的灶民、捕漁的漁民及港口的苦力、縴夫等爲主。歌中時或咒罵政府
無能，放任垣商欺壓灶民；時或自歎生爲貧民的悲哀與無奈；甚至是痛訴貧
民受盡富商壓搾後，還要被貪官剝削，致使貧無立錐之地的境況。凡此種種，
全都反映出當地人民生活艱困、謀生不易的實況，足以代表並記錄蘇北貧苦
民眾生活中最眞實的一面。

這些以反映眞實生活及心聲爲特色的歌謠，用字遣詞直接了當，歌中呈
現出極其飽和的強烈情感，使人立刻進入歌者所經歷的生活磨難與情緒中，
其風格與徐州地區歌謠所呈現的平和基調有著強烈的對比。

二、連雲港民間情歌

《連雲港民間情歌》，由朱守和、崔明月主編，西元 1991 年 1 月由哈爾

〔註12〕其中情歌另發行單行本《連雲港民間情歌》，（哈爾濱：北方文藝，1999 年 1
月第一版）；兒歌則發行爲《海州童謠》，（北京：中國文聯，2004 年 1 月）。

濱市的北方文藝出版社出版，收錄具代表性的連雲港地區民間情歌一百二十三首。

　　《連雲港民間情歌》一書最大的特色，為全書循《中國歌謠集成——江蘇卷》中所使用的分類方式將情歌分類，其類別及數量如下表：

歌 謠 分 類	數　量
讚　慕　歌	16
思　戀　歌	24
結　交　歌	15
熱　戀　歌	22
情　物　歌	7
送　別　歌	7
思　別　歌	15
抗　婚　歌	17

　　除使用上述分類方式以外，《連雲港民間情歌》還將每一首歌謠所使用的曲調一一記錄，共計收錄有六十多種曲調，充份展現歌謠「歌無聲不走」的特質。

　　由於蘇北沿海的啟東、海門、大豐一帶，多蘇南移民，因此連雲港地區情歌也受到蘇南情歌影響，風格婉麗含蓄，大不同於徐州地區情歌簡鍊直爽的風格。這一點由《連雲港民間情歌》中所收錄情歌，多數為句式工整、如詩歌般纖麗的特質中可一窺其妙。

三、連雲港兒歌

　　連雲港地區兒歌，由崔月明、陳武另輯為《海州童謠》一書，由北京中國文聯出版社於西元 2004 年 1 月出版。該書收錄連雲港地區具代表性的童謠共二百五十八首。

　　本書編輯時間歷時四年，由近千首兒歌中刪輯而成。書中收錄的兒歌包括搖籃曲、數數歌、問答歌、遊戲歌、繞口令、連鎖調、顛倒歌、時序歌、喜話歌等。除此之外，還有少數訣術歌。

四、海州民俗志

　　《海州民俗志》由劉兆元編著，西元 1991 年 10 月由江蘇文藝出版社出

版。

這是一部完整豐富、考查詳盡的民俗志。全書分爲二十八卷，對於連雲港地區人民生活中的食衣住行育樂等各方面相關習俗皆有記載。據書序作者張紫晨指出，《海州民俗志》是作者劉兆元先生歷時八年親自進行田野調查，將連雲港地區仍可見到的各類民俗一一整理所成。該書雖名之爲《海州民俗志》，但由於蘇北地區位居全國海陸樞紐，同時深受四方文化影響，所以書中不單可見海州風俗文化，其週邊如豫西、魯南、蘇北、皖北乃至淮海地區民俗，皆可見於其中；可謂是一個地區性的民俗志。

對於民間歌謠的研究而言，《海州民俗志》爲詳細記錄民俗，常同時將相關的歌謠一併收錄於中。例如書中「卷一生育」相關民俗條目裡，有〈擦馬牙 炙瘋〉一條：該條目主要說明如何預防新生兒因臍帶及牙床護理不週所造成感染。特別的是，該條目起頭處，就以民歌一首來說明新生兒牙床及臍帶護理的重要性。茲轉錄該條目內容於下：

擦馬牙 炙瘋

民謠：三天就怕馬牙子，七天又怕七朝瘋。十二天是小滿月，爲娘才放一點心。

洗三後由老年婦女用青頭巾蘸明礬或陳墨或「百草霜」（鍋臍灰），反覆擦新生兒的牙床，俗稱「擦馬牙」。擦馬牙之後，由老中醫在新生兒的前額和兩個嘴角各放一片蒜片，在蒜片上用點燃的艾柱燒灼，這叫「炙瘋」。據信如此艾炙可防「七朝瘋」（臍帶瘋）〔註13〕。

又如

打金井

開吊前後請地理先生（即風水先生、陰陽先生）選擇埋葬地點，叫穴地或壙地、塋地，又叫作陰宅。選陰宅的標準是前有罩（兆），後有靠，左右有抱。當天晚上孝子要提著燈籠到塋地燒紙，爲亡人「安宅」，叫朝穴又叫朝壙。第二天早晨出殯前，按照陰陽先生定好的方位挖坑，叫「打壙」，又叫「打地穴」、「打金井」。破土時要說喜話：「金鍬一舉，震滿山崗。鬼魅凶神，運去他方。吉神引路，邪惡滌蕩。金鍬再舉，啓壙安祥。子孫後代，富貴永昌。〔註14〕」……

〔註13〕 見劉兆元編著《海州民俗志・卷一生育》（江蘇：江蘇藝文，1991 年 10 月），頁 9。

〔註14〕 見劉兆元編著《海州民俗志・卷五喪葬》，同註13，頁 89。

　　類似這種在條目內詳錄歌謠使用的時機及方式的情況，在《海州民俗志》中比比皆是；尤其與儀式相關的生活風俗中特別多：舉凡生育（卷一）、嫁娶（卷二~卷四）、喪葬（卷五）、節日（卷七）、消災（卷八）等類別的民俗記錄中，併載歌謠者俯拾皆是。此外，在兒童遊戲（卷廿一）、行業風俗（卷廿二~卷廿八）中，也收錄有許多相關的歌謠。

　　不同於歌謠集成中完全以歌謠為主體；《海州民俗志》是以民俗活動為主體，附錄出相關歌謠；然而這些資料卻更讓世人瞭解歌謠的背景、用法及時機。因此在整理時往往需要逐條檢視，才能如採礦般發現精彩的歌謠。部份《海州民俗志》中所輯錄與漁業活動相關的歌謠，直接被選入《中國歌謠集成・江蘇卷》中〔註15〕，成為蘇北與海事相關的代表性歌謠。

　　整體而言，蘇北歌謠歷經大陸政策性指示、自西元 1984 年開始大規模採錄至今，已逾廿五年。在綱舉目張的清楚規範及定義之下，經由科學化的編輯手冊確立作業流程及方法，據統計，各地至今已編印相關資料超過三千餘種〔註16〕；蘇北地區相關的資料與研究也仍在陸續產出中。蘇北各地的歌謠集成，不但保存了蘇北地區日趨衰微的文化特色、更可作為社會在快速現代化過程中，保存固有知識、傳統習俗的重要工具。俗諺道：「三里不同風，五里不同俗」，蘇北各地的歌謠集成，正可反映出這個狀況：各地的歌謠雖互有異文，但是隨著群眾性格及處事作風的差異，歌謠的風格及所營造出的氛圍就有明顯的不同。這是在看單一歌謠集成時，所無法體會的特質。由此可見，「歌謠集成」對呈現各地完整的精神風貌，及保留地區文化特色的貢獻與影響之鉅，應是毋庸置疑的。

〔註15〕 如〈七女掏陰溝詞〉、〈不當和尚掃院門詞〉、〈求雨訣〉、〈拜月謠〉、〈滅蟲歌〉、〈請茅孤娘詞〉、〈治小兒夜哭〉，等七首。被收入《中國歌謠集成——6，江蘇卷》「儀式歌——術訣歌」中。

〔註16〕 見〈中國民間文藝家協會概況介紹〉，網址：http://www.hudong.com/wiki/%E4%B8%AD%E5%9B%BD%E6%B0%91%E9%97%B4%E6%96%87%E8%89%BA%E5%AE%B6%E5%8D%8F%E4%BC%9A

第肆章　蘇北歌謠分類與探討（一）

　　蘇北地區由官方出版的相關民間歌謠集成，依〈關於中國民間歌謠集成編輯方案與意見〉中所訂的分類名稱〔註1〕，依序分出：勞動歌、時政歌、儀式歌、情歌、生活歌、歷史傳說歌、兒歌、雜歌等八大類。本章將試就勞動歌、時政歌及儀式歌等三大類加以整理、探析。

第一節　勞動歌

　　歌謠是人民最眞實的心聲。所謂「饑者歌其食，勞者歌其事〔註2〕」，對辛勤工作換取溫飽的百姓而言，勞動歌不但記錄了人與工作間的點點滴滴，同時反映出從業者的工作態度、與各行各業本身的特色。

　　部份學者認爲，文學的起源是來自於勞動工作〔註3〕；古之學者亦指出：「古人勞役必謳歌，舉大木者呼邪許。〔註4〕」、「今夫舉大木者，前呼『邪許』，後亦應之，此舉重勸力之歌也。〔註5〕」換言之，在從事生產工作的過程中，節奏穩定的呼喊、配合著身體的動作，再略施以音調變化，便成就了勞動歌

〔註1〕詳見第參章。

〔註2〕東漢・何袥著《公羊傳解詁》。

〔註3〕魯迅：「詩歌的起源是勞動與宗教。……勞動時，一面工作，一面唱歌，可以忘卻勞苦，所以從單純的呼叫發展開去，直到發揮了自己的心意與感情，並偕有自然的韻調。」見〈中國小説的歷史變遷・第一講〉，收於《中國小説史略》附錄。（台北：五南，2009年3月），頁439。

〔註4〕見漢・鄭玄注《禮記・曲禮》。

〔註5〕見漢・劉安著《淮南子・道應訓》。

的最初形態。放眼今日各種勞動歌謠，就中又以勞動號子最能印證出「歌謠起源於勞動」之說：其規律、穩定的節奏，正是促成工作時動作整齊劃一、增強工作效率的主要方法。即使時至今日，我們仍不難從記錄各種行業工作過程的影片中，一窺勞動號子的本然面目〔註6〕。

隨著工商業社會分工的日趨細密，工作種類也日益增加。當號子已不再能夠完整傳達出生產者的心聲及需求時，不同形態的勞動歌也就開始如百花盛開般出現在社會上。由於工作內容的差異，使得不同行業勞動歌中所側重的內容也不同。例如勱力工作的勞動歌是以號子為主要形式；能工巧匠的勞動歌則在誇耀技術的同時，也提醒從業人員抱持著應有的嚴謹態度及注意事項；農田中的勞動歌傳遞了農業耕作時基本的常識；向天討食的船歌及漁歌中，則傳達了對海洋的敬畏及祈求……。這些歌謠在蘇北地方皆可聞見，成為記錄及傳承民眾智慧的寶貴資產。

俗諺：「靠山吃山、靠海吃海」，一個地區的勞動歌，凸顯了該地區自然與人文環境相互運作的成果。以蘇北地區觀之，本地區東濱黃海、西接華北平原，海陸兼具的自然環境及大陸性季風氣候的生長條件，造就了農、漁並重的產業成果。另一方面，充足的日照及遙長的海岸線，使得淮北鹽場成為全國最大的海鹽產地。又，豐富的煤炭含量，更成就蘇北地方的重要經濟命脈。在這些條件的交互作用之下，蘇北的勞動歌中，有農歌、漁歌及船歌；也有鹽工歌、及礦工歌。再加上能工巧匠們的工匠歌，交織出多采多姿的蘇北勞動歌。本節將以蘇北地方的各類勞動歌謠為題，介紹並試析蘇北勞動歌的價值與意義。

一、鹽工歌

《新唐書·食貨志》：「天下之賦，鹽利居半，宮闈服御、軍饟、百官俸祿，皆仰給焉。」自古以來，基於鹽有「惡食無鹽則腫〔註7〕」的保健功能、及烹調時「夫鹽，食肴之將〔註8〕」的民生必需性，鹽業一直是各朝統治者必需掌握的經濟命脈。春秋時代，齊國藉漁鹽之利富國強兵、稱霸諸侯；民國

〔註6〕 如台東縣蘭嶼鄉的達悟族人，在協力划拼板船時，就會發出齊一的划船號子，使船隻在穩定中加速。如在影片〈夜間補飛魚〉中就可清楚見聞達悟人如何以齊一的號子共同划船。見 http://www.youtube.com/watch?v=PryHiZZEfN8。

〔註7〕 見《管子·地數》。

〔註8〕 見《漢書·食貨志》。

時期，淮鹽的總產值則佔全國財政收入近百分之十〔註9〕。雖說鹽業帶來豐厚利潤，但是真正從事製鹽的鹽民，卻基於封建時期所設下的賤民制度，始終是社會最底層的苦力工作者〔註10〕。也因此舊時已有作品專為哀嘆淮北鹽民境遇〔註11〕；近代亦不乏由灶民以自抒身世及工作辛酸為內容而唱出的歌謠流傳於世，灶民之歌於是成為蘇北地區相當特殊的勞動歌類。

　　淮北鹽場所包含的地區，泛指淮河以北的廣袤沿海地帶，分屬於今日連雲港市及鹽城市等行政區域內。

　　鹽工又稱灶民，因為數戶共圍一灶煎鹽而得此名。在蘇北東部沿海的淮北鹽場，從事煮鹽曬鹽的灶民數量極多；直到西元 1930 年代，儘管專制帝王制度早已瓦解；並在民國肇建後回歸民主人權，使人民皆有遷徙自由；但是在淮北鹽場上仍有灶民約三萬人從事辛苦卻薪資微薄的製鹽工作〔註12〕；這個情況一方面固然與灶民不具備其他謀生能力有關；另一方面，灶民們貧無立錐之地，與其離開鹽場、舉家無目的地的四處流浪；倒不如留在場上，勉強求活。

　　灶民的工作非常辛苦：由於煎鹽的盤鐵厚重不易燒炙，因此每次起火煎鹽，為求便利，往往歷時半個月不能斷火；期間數家灶戶輪流值班看顧火侯、無法稍離；除此之外，還要割草、曬灰、澆鹵；灶民們終日灰頭土臉、不得清閒。如此辛勤煎鹽，所得卻又基於原有管理及產銷制度的不健全，而被垣商（鹽商）剝削殆盡。造成灶民們自始至終不知溫飽為何物。這種不合理的

〔註9〕　見馬俊亞撰〈淮北鹽業中的集團博弈與利益分配 1700～1932〉一文中，引自朱家寶所撰之〈淮北鹽務概略〉所記載之數據（朱文收錄於《鹽務匯刊》，1933 年出版，頁 19）。文中指出：「1931 年，淮鹽稅收達 5150 萬元，（工業鹽不計在內），分別佔全國鹽稅總收入和全國財政收入（不包括債款、坐撥徵收費及退稅除外）的 35.7%和 9.3%」。其中淮北所產鹽量佔淮鹽（淮南鹽與淮北鹽的共稱）的 93%。此一比例一直持續到二十世紀的 30 年代末。見馬俊亞撰〈淮北鹽業中的集團博弈與利益分配 1700～1932〉，原發表於清華大學學報人文社會類，（2007 年第一期）。後亦轉載於《國學網——中國經濟史論壇》中：http://economy.guoxue.com/article.php/11999/2。

〔註10〕　宋代以來，直到元、明、清三代，都以特殊戶籍管理鹽民；特別是明初「洪武趕散」，自蘇南遷徙四萬居民至兩淮地區從事煎鹽工作。鹽民們行動不自由；世代為灶戶，類似奴隸，永無出離之日。

〔註11〕　最有名者，莫過於明末清初時期出生鹽場的詩人吳嘉紀，其《陋軒詩》中多有描述鹽民生活的作品；如這首七絕：「白頭灶戶低草房，六月煎鹽烈火旁。走出門前炎日裏，偷閒一刻是乘涼。」正是一例。

〔註12〕　見趙贇撰〈近代蘇北沿海灶民群體研究〉，原刊載於《鹽業史研究》，（2008 年第 3 期）；後轉載於〈國學網——中國經濟史論壇〉：http://economy.guoxue.com/article.php/18423。

產鹽體系從宋代以來綿延成習，直到民國仍延續清代以降的管理產銷方式，只是改清代鹽商爲公司制罷了；儘管歷代都有心於改革鹽政〔註13〕，但是在有心人〔註14〕少、覬覦者多的情勢下，最後的結果仍是以謀求當政者的最大利益爲首要考量，灶民始終還是被剝削的一群〔註15〕。

由於鹽的暴利驚人，促使官商緊緊把持鹽業產銷系統不放，故而對灶民的壓榨也就無日稍歇。直到民國二十八年八月，因連續數日的豪雨與接連而來的強颱，造成至少萬餘名淮北鹽場的灶民被海潮吞沒，才迫使淮北鹽場組織崩解、加速使灶民煎鹽這個行業走入歷史。其後灶民或四散流離、或轉入其他行業；不過長期間的製鹽歷史，也使得蘇北地區（尤以連雲港市爲主）四處流傳著出自於灶民之口的勞動歌。這些勞動歌記述了灶民們工作時的點滴與辛酸，令人不忍卒聞。在蘇北七十餘首勞動歌中，有近五分之一是灶民的勞動歌謠，可見淮北鹽業對蘇北社會的影響深遠。

灶民的勞動歌中，最可做爲描述灶民日常生活的作品，當以下錄幾首爲代表：

> 灶民生活沒過頭，好天三頓飯，
> 陰天兩頓頭。中午半邊餅，
> 晚上沒想頭。一盤臭蟹渣，
> 蛆頭靠想頭。一年又一年，
> 哪天熬出頭。〈灶民生活沒想頭〔註16〕〉

又如這首〈灶民常年苦難當〔註17〕〉：

〔註13〕 明、清、民國皆有鹽務改革之舉，可惜結果仍大同小異，無法真正杜絕販售私鹽者的猖獗、及灶民受剝削的不公平狀況。

〔註14〕 如明代兩淮運使范鑁就是一例。在清・杜文瀾所輯的《古謠諺》中，載錄了《兩淮鹽法志・宦蹟》所引淮北鹽民對范鑁的感戴歌謠：「鹽政奚廢公未逢；鹽政奚興逢我公」。見清・杜文瀾《古謠諺》〈卷三十二〉，（台北：世界，2009年8月四版2刷），頁464。

〔註15〕 以《清史稿》中〈列傳一百二十六・高恆〉條爲例，高恆是乾隆時期鑲黃旗的貴族，乾隆二十二年被授與兩淮鹽政初期，對鹽政尚有作爲；但至後期，一方面爲應付乾隆三十二年的江南巡幸所耗大量經費；一方面抵擋不住鹽政的暴利，最終也因爲貪賄無度而受誅。淮鹽每包的成本不過兩錢餘，灶民所得更是少得可憐；但是這完全不是官商要納入考慮的要項。見《新亞研究所——典籍資料庫：二十五史之〈清史稿・列傳一百二十六〉》，卷339。http://newasia.proj.hkedcity.net/resources/25/qingshigao/index.phtml?section_num=339

〔註16〕 見《連雲港市民間文學集成——詩歌卷》，（江蘇：江蘇文藝，1992年7月），頁930。

灶民日子好淒涼，住著丁頭開天窗。

彎彎月兒當燈照，雪花紛飛飄進房。

灶民常年苦難當，夜晚睡覺地當床。

一年四季一身衣，冬天凍得直篩糠。

民國二十八年八月三十日所發生因強颱引發海嘯、造成萬餘灶民死亡的慘劇，灶民們也從自身的角度、用歌謠傳唱、記錄下來：

三九年、起風暴，七月十六上海嘯。

連刮三天西北風，「兄弟」三個齊來到。

大鹽廩、如湯泡，丁頭舍，全塌掉。

淹死多少男和女，漂來多少老和少。

呼天搶地無人應，公司老爺睡大覺。〈上海潮〔註18〕〉

歌中所言的七月十六，指的正是民國二十八（西元 1939）陽曆八月三十日當天（農曆七月十六日）。在八月三十日之前三天，已經連下了三天的豪雨，造成多數地區淹水；不幸的是，到了八月三十日當天，更有颱風引起海嘯；加上適逢農曆七月十六大潮：「『兄弟』三個」（指暴雨、颱風與海嘯）聯手的結果，導致各地海水倒灌、捲走生民萬餘人。這宗慘絕人寰的天災，成為倖存的灶民們心中無法磨滅的驚恐記憶；但更令他們心寒的是，鹽業公司的老爺們，對此毫無反應，照舊「睡大覺」。無怪乎此災之後，鹽民大量流失，寧可逃到外地、流落他鄉，也不願再為鹽工。因此到了西元一九四九年，當中國共產黨宣布「解放」淮北鹽場時，願意回到鹽場的鹽工僅有五十九人而已〔註19〕。

除了在勞動歌裡可以看到灶民們的心聲，生活歌中也有與灶民生活相關的歌謠，內容多以苦歌為主。雖然現今灶工這種行業已走入歷史，但是歌謠已然記錄下了這群對國族經濟曾有著重要貢獻的一群人，讓我們得以認識、接近他們的真實樣貌。

二、礦工歌

海鹽之外，蘇北地區另一項重要的經濟產業就是煤礦。徐州週圍煤礦蘊

〔註17〕　見《連雲港市民間文學集成──詩歌卷》，頁 926。

〔註18〕　見《連雲港市民間文學集成──詩歌卷》，頁 929。

〔註19〕　見江蘇省地方誌編纂委員會編《江蘇省志・鹽業志》，（江蘇：江蘇科學技術出版社，1997 年），頁 274。

藏量豐富，自宋代起就陸續開採，故有「夏橋、韓橋肩靠肩，青山泉、大黃山，曲裡拐彎到蕭縣。徐州轉圈都是炭」的歌謠，用以描述出徐州煤礦蘊藏量豐富的程度。清代以後，由於西方進口重機具的使用日漸普遍，於是礦內開始由原本的純人力挖掘、進而改爲以大型機具開採的時代。民國之後，徐州的煤礦開採以賈汪煤礦爲主：民國元年，袁世凱的胞弟袁世傳擔任新成立的「徐州賈汪煤礦有限公司」總經理後，徐州的煤產開始逐步進入盛產期；到了民國二十五年，徐州賈汪煤礦公司歷經三度易手，產量一再翻新成長，從將原有每日五十噸的產值，急拉達到日產九百五十噸的興榮境地〔註20〕。

隨著煤礦生產日盛，煤礦工人的數量也日益增加。直到民國二十七年徐州煤礦被日軍強佔前後，煤礦公司已有各種礦工約四千餘人；日軍佔領後，礦內在未增加工作人員的情況下，日產量更提升到兩千噸，可見日軍對礦工的凌虐之甚。

將本逐利，本是商人經營的常理；如何降低成本以求得高額利潤，同樣也是煤礦公司的經營目標。然則隨著公司對煤礦產量的要求日增，礦工們的工作量及壓力亦隨之急遽升高：終至於形成若不是到了走投無路、萬無他方的窘境，尋常人等決不願意「下窯」（挖礦）爲生的社會風氣。礦工們自己說得透澈：「一販私鹽二販鈔，千條路走盡，才把黑炭掏」。因爲窯內工作辛苦的程度，在從業者心中，簡直不啻如臨地獄：「窯下是個活地獄，窯戶血淚流成河」；「天下地獄十八層，十八層底是礦工」；「過了三關把窯下，人間地獄牛馬般」。礦工們的痛苦，來自於產量提升的壓力，反映在對管理階層的描述上，就可見到多數歌中出現「把頭罵俺臭窯戶，一不順心叫坐牢」，「監工打、頭子罵，礦工不如牛和馬」之類的句子，礦工遭受工頭打罵，幾乎成爲家常便飯。

民國二十七年日軍佔領徐州煤礦後，覬覦礦脈中所蘊藏的可觀價值，對於礦工的催逼更是毫不留情，於是「把頭打，漢奸揍」，就成了礦工歌謠中常見的內容。

除了工作辛苦、危險性高是令人畏怯的因素之外，工時漫長更是讓礦工們叫苦不迭之處。就有百姓如此宣示：「有女不嫁下窯郎，一年半年空著床」

〔註20〕 相關資料參見張忠泰撰〈民國時期的徐州煤礦〉（《徐州史志網》，http://www.xzsz.gov.cn/neirong.asp?id=771）；姜新撰〈徐州近代煤礦發展述略（1882～1949）〉，（徐州：中國礦業大學學報（社會科學版），2010 年 12 月）；余明俠著《徐州煤礦史》。

因爲「十天半月來一趟，洗不盡的炭衣裳」；更令人無可忍受的是，如此惡劣的工作條件，卻換不來相等的報酬。礦工們微薄的工資，連養家活口都有問題：「穿的灰布露肚皮，不養小來不養老」；「身上無衣肚無飯，拿起糠窩打連班」；「吃得孬，穿得破，朝天每天揑大餓」；「丈夫下窯妻討飯，……兒女凍餓打顫顫，賣人市上哭聲慘」。

更悲哀的是，礦工們出盡氣力掙得一口薄食之餘，即使出了窯，性命也沒有保障：除了挖礦本有的爆炸、坍塌等自古至今都無法根絕的潛在風險威脅著礦工生命以外〔註 21〕，因爲衛生欠佳所造成的瘟疫蔓延，竟也是礦工們大量暴卒的原因。礦工們的集體宿舍，形同「閻王堂」，因爲「十人進去九人亡」〔註 22〕。可憐礦工們「活著出盡牛馬力，死後扔進亂屍崗」；「到老出盡牛馬力，伴塊黃土倒荒郊」。

徐州地區勞動歌中的礦工歌謠數量相對其它工種爲多，主要反映舊時代中礦工們的工作狀況及心聲。在徐州成爲華北地區首屈一指的礦區及礦業研究重鎮、乃至於煤礦生產成爲徐州特色經濟產業的同時，佔勞動歌總數近三分之一的礦工歌對礦工生涯所描繪出的側寫，讓我們幾乎可以這麼說：每一塊被挖掘出的煤炭，都浸潤著無數礦工們的血淚。也因此徐州的礦工歌，成爲蘇北地區最具代表性的勞動歌種之一。

三、農　歌

蘇北地方所栽種的農作物，在黃淮平原部份，以小麥、高粱（秫秫）、玉米、土豆（馬鈴薯）、棉花等爲主。其他如芝麻、水稻（大米）、蔬菜及果樹亦有出產。一般而言，由於生產內容與鄰近地區相似，不具有特殊性，所以蘇北農歌的數量比起其他勞動歌種相對較少〔註 23〕。在爲數不多的農歌中，僅有：邳縣〈種棉歌〉；睢寧縣〈四季歌〉、〈收麥歌〉；及兩首農事號子：東海縣〈打完場來再耕地〉、〈鋼騾子壓前磙〉；此外，連雲港地區則因應雲霧茶

〔註21〕 徐州煤礦最近一次發生事故，是在 2010 年的七月三十日。此次礦災造成六人死亡；前溯至 2001 年五月，徐州崗子村小煤窯礦井災變，則造成高達九十二人罹難。煤礦工人的工安問題，始終是煤礦帶來巨大經濟效益的同時，揮之不去的隱憂。

〔註22〕 民國三十二年，由於賈汪煤礦北宿「大筒子屋」爆發瘟疫，致使從河南被騙至徐州工作的數百名礦工大量暴卒過半，故有「筒子屋，閻王堂」的歌詞出現。

〔註23〕 蘇北地區勞動歌數量共有 77 首，其中八首農歌裡，採茶歌就佔了三首。

的生產，有三首茶農歌謠。

這些農事歌，除兩首號子分別用於吆喝牛與騾子拉車拉磙、同時為牲畜及自己打氣之外，其他的農事歌主要皆以敘述農事工序為主要內容。如邳縣〈種棉歌〉，不但對播種的時間有所交代〔註24〕，同時也將棉花從播種到採收、彈棉、紡紗、織布直到製成衣物的過程娓娓唱出；其敘述之縝密，使人對於種棉製衣的生產過程有著完整的認識，也使生產者在工作中對於未來的工作產生無限期待。茲轉錄全歌於下〔註25〕：

> 天上星，滴溜轉，庄戶老頭好種棉。
> 耕地暄又暄，耙地一條線。
> 白棉子，青灰拌，撒到地裡耙八遍。
> 開個花，八蓬傘，結個桃，尖又圓。
> 十八大姐去採花，拾到晌午回家轉，凳上箔兒去曬攤，一邊曬
> 個雪頂山。
> 找木工，牛皮弦，一斤棉花彈半天。
> 一個車，八個扇，一個錠子兩頭尖。兩個線穗飽滿滿。
> 拐的拐，漿的漿，經線娘娘腿跑彎，刷線娘娘兩邊動，織布娘
> 娘坐中間。
> 織成布，染成藍，剪子鉸，大針牽，做成衣裳合身穿。

又如睢寧縣的〈四季歌〔註26〕〉，則是描述農家一年之中務農的內容及次第：

> 春季裡來春風吹，花開草長蝴蝶飛。
> 油綠的麥苗多好看，金黃的菜花真正美。
> 夏季裡來農事忙，又割麥來又採桑。
> 露水溼褲早下地，晚上歸來戴月光。
> 秋季裡來穀上場，收了大豆收高梁。
> 渾身汗水不覺累，為己辛苦為己忙。
> 冬季裡來雪後晴，新做棉襖暖又輕。
> 一年的農活幹完了，居家老少笑盈盈。

〔註24〕歌謠一開始：「天上星，滴溜轉」，指的是春夏之交。
〔註25〕見《邳縣民間歌謠集成》，頁2。收錄於《邳縣民間文學集成——邳縣資料本，民間歌謠諺語卷》，1988年12月出版
〔註26〕見《睢寧縣民間文學集成——第二卷》，（江蘇：徐州，1989年3月）。頁100。

〈收麥歌〔註 27〕〉則記錄了工作群組如何規劃安排收割小麥的任務，反映出人民公社時期，大夥兒共同收割的和諧情境：

　　　　南風輕輕吹，

　　　　太陽高高照，今年的麥子實在好。

　　　　燕兒飛低又飛高，

　　　　麻雀喳喳盼著麥熟早。

　　　　打下新麥做餅又做餃。

　　　　星兒閃，月光高，

　　　　家家戶戶磨鐮刀，收割準備好！

　　　　互助小組，開會來商討。

　　　　河底割麥明天一定要起早。

　　　　雞兒叫，人兒醒，收割起床早。

　　　　男女齊出動，收麥好熱鬧。

　　　　一擔擔，一挑挑，麥堆堆得高。

　　　　麥曬好，快把公糧繳。

　　比較特別的是，由於連雲港地區以雲霧茶〔註 28〕為主要經濟作物，所以因種茶而衍生出的茶事歌（連雲港市的兩首〈採茶調及〈十月採茶〉），也成為蘇北農歌中極具代表性的歌謠〔註 29〕。

　　這三首採茶歌，內容就是茶農一年之中種茶的生產過程記事。歌中不但記載了茶農每個月的工作內容，同時也道出了連雲港雲霧茶的產銷路線。從中可以了解：茶農一年到頭忙於植茶採茶的時間，只有一到十月；九月開始，

〔註 27〕同上註，見頁 76。

〔註 28〕連雲港市雲台山區及西北部丘陵地帶到處有零星茶樹，且有自宋代起移植自福建武夷山區的特殊茶種；由於常年處於雲霧之中，故名「雲霧茶」。見劉兆元輯《海州民俗志》，（江蘇：江蘇文藝，1991 年 10 月），頁 270。

〔註 29〕根據中國民間文學集成總編委員會辦公室編印《中國民間文學集成工作手冊》（北京，1987 年編印）之〈關於編輯出版民間文學三套「集成」的意見〉所規定：各地所有採錄所得的作品，一律以「三性」作為取捨的定奪標準。所謂「三性」指的是「科學性」、「全面性」與「代表性」。其中「代表性」一項尤其需經辯證：同一地區中，必有具代表性與不具代表性的作品；同一文類中，也有具代表性與不具代表性的作品。經反覆辯證、審慎比較之後，才能將最具代表性者收錄於中。參見劉錫誠著《20 世紀中國民間文學學術史》，（開封：河南大學出版社，2006 年 12 月），頁 730。循此原則，蘇北地方最具代表性的農作物，當推雲霧茶莫屬，也因此採茶歌也被列入採錄的範圍之中。

冬季降臨，茶樹轉黃落盡，茶農則利用這段時間外出販茶〔註30〕。這些經驗及過程，在歌謠中以「十二月唱春調」的形式依次表達，使人了解蘇北茶農一年的作息狀況。

四、漁歌與船歌

蘇北勞動歌中的漁歌，出自於在海上討生活的漁民之口；而歌謠的傳唱地區，則是以連雲港市轄境為主。

由於連雲港市有海濱之利，所以漁業生產的過程、常識，乃至於相關的儀式、習俗，早已成為連雲港地區討海人生活中的一部份。為了更易於傳承與漁業相關的技術及知識，歌謠中常會以聯想的方式使人易於記憶或熟悉相關的知識或特徵。例如這首〈什麼歌〔註31〕〉：

> 什麼過河軟丟當？ 什麼過河耍刀槍？
> 什麼過河咕呱喊？ 什麼過河頭頂一桿槍？
>
> 望哨過河軟丟當， 蟹子過河耍刀槍；
> 黃魚過河咕呱喊， 蝦子過河頭頂一桿槍。
>
> 什麼有頭沒有眼？ 什麼有眼沒有頭？
> 什麼有腿堂屋坐？ 什麼無腿下河丘？
>
> 海蜇有頭沒有眼， 魚篩有眼沒有頭。
> 香爐有腿堂屋坐， 大船無腿下河丘。

這首歌以「小放牛調」（又稱上河調）唱出與海洋有關的常識問答，充滿了即興的趣味與豐富的想像力，是漁民們在勞動時用來輕鬆鬥智的歌謠。另外也有較為嚴肅詳盡的漁歌，如〈漁家話〔註32〕〉。全歌先以不同的月份為題，介紹每一個月份可捕撈到的魚種及特色（……六月鰻灘秋季勾，米魚鱸魚最可口。鯧魚人人配，肉細有口味……）；其後再以四季為區隔說明潮水漲退及間隔的時間（春夏秋冬四季天，潮水隨著天時變。一天一夜四潮頭，每個潮頭是六點。天時最長兩個半，個半就是最短天）；最後提點出各季節

〔註30〕《連雲港市歌謠集成》〈採茶調〉：「……九月採茶採成籃，俺上揚州去雇船……十月採茶採成堆，俺上揚州雇車推……十一月採茶到山西，寒冬冷水就冷饃……十二月採茶到山東，十趟茶籃九趟空……」，見《連雲港市民間文學集成——詩歌卷》，（江蘇：江蘇文藝，1992年7月），頁913。

〔註31〕同上註，頁913。

〔註32〕見《連雲港市民間文學集成——詩歌卷》，頁911。

主要的捕撈重點（春捕魚，夏捕蟹，秋捕蝦，冬捕帶）。稱得上是一首既實用、又詳實的從業人員指導記要：在傳遞專業知識這個功能上，發揮得恰如其分。

連雲港的漁業勞動歌中，還有以撒網捕魚爲主題的〈漁民號子〉〔註33〕、描寫船民生活艱苦辛酸的〈船民謠〔註34〕〉等，都是由討海者之口傳達出漁民心聲的眞實寫照。

至於蘇北歌謠中所可見的船歌，則出自於縴夫之口。蘇北地勢平坦、卻有大運河從中流經，所以需有縴夫拉縴以利船舶前進。縴夫也屬苦力的一種，其主要工作除了必須把鹽場上的淮鹽搬運上船以便運往各地銷賣以外，還得不論晴雨地在河邊拉縴。工作辛苦卻待遇微薄，身衣口食未曾飽足過，致使「臉黑如炭形似鬼，舌焦唇裂人兒瘦」。雖然蘇北的勞動歌中，縴夫的船歌僅有兩首，但也足以反應出他們的艱辛境遇。

五、其他行業勞動歌

除了上述四種極具代表性的職業之外，蘇北地區所流傳的勞動歌，還包括有建築工匠的建房歌及打夯歌、車伕的拉車謠、鐵匠與木工的工作歌謠、婦女紡織歌、以及雇工的心聲〔註35〕。

蘇北勞動歌中的雇工歌中，有兩首分別描述牧羊人與挑夫的工作情境及心情。按理，職業高低本是無貴賤的，但是這個道理在牧羊人與挑夫的身上卻彷彿完全不是這麼一回事〔註36〕：兩者都痛罵著雇主的苛薄（喝人血兒像牛虻）與吝嗇（喝的稀飯照人影），但是卻又離不開這個辛苦（晴天上西嶺，雨天下東沿）又不堪（要吃高墩飯，就得拿命換）的工作，只能無耐地安慰自己：「有心不吃這碗飯，還戀你有兩個豇豆種」；或是只得把一肚子的怨氣，對著無辜的羊兒發洩了（滿肚火兒沒處發，手揮羊鞭甩得重）。

打夯歌是蘇北地區建築工人的勞動歌〔註37〕。

〔註33〕見《連雲港市民間文學集成——詩歌卷》，頁911。
〔註34〕見《連雲港市民間文學集成——詩歌卷》同註27，頁921。
〔註35〕勞動歌中還有一種，主要是邳縣的剪紙歌及繡花歌。但本研究中以剪紙及繡花屬於生活工藝，所以歸入生活歌中探討。
〔註36〕〈放羊〉，見《徐州市歌謠集成》，頁1。〈雇工謠〉，《連雲港市歌謠集成》，頁932。
〔註37〕原各地集成中建房歌或被歸入勞動歌、或見納於儀式歌；但是仔細深究這些建房歌的內容之後可以發現，多數除打夯以外的建房歌謠，都是在建房的各關鍵

　　「打夯」又做「打硪」，是蘇北乃至華北地區疊牆疊堤的主要工法。其進行方式是由工匠以碌碡（打麥時用的石碾，需十多壯丁同時抬起）、木棍或木榔頭，用力將所疊疊的土泥砸實。一般打夯要打的牆有兩種，一種是逐一上疊的「水牆」；另一種則是用木板夾緊灌泥的「夾板牆」。無論是哪一種牆，都需要用力將土砸實，所以遇到這種需藉由眾人齊力而爲的工作時，節奏規律、穩定的夯歌，就是歸整大夥兒動作、提高工作效率的利器。

　　從打夯的行爲來看，這種體力勞動工作本身一定的特徵：1. 打夯爲集體性的活動；2. 打夯動作本身具有強烈的齊一性與規律性；3. 打夯在時間上具有持久性。這是打夯號子出現的原因。

　　一般而言，夯歌的內容無外乎兩大主題，其一是反應著勞動生活的內容與期待；其二是自由抒唱，不拘天文地理、歷史傳說，皆可入歌。只要是節拍單純、節奏簡單清晰的夯歌，都可以做爲打夯時的勞動歌謠〔註38〕。

　　夯歌在蘇北歌謠中較爲少見〔註39〕，僅出現在塡湖、築堤等工程進行時；再者從內容中可以發現，蘇北地區的三首夯歌正巧符合兩大類常見的夯歌內容：〈微山湖夯歌〔註40〕〉及〈夯房基〔註41〕〉，描述的是工作的內容與對未來的期待。如〈微山湖夯歌〉是用於塡築徐州西北的微山湖湖堤時，由工頭一領眾和所唱，夯歌的內容在於鼓勵眾人努力築堤，以期保衛鄉土、使百姓免於湖水氾濫所導致的流離之苦；而〈夯房基〉則用於夯築房基時，對新房的祝禱與期願。

　　至於睢寧的〈打夯歌〉〔註42〕，則是工頭自由帶唱夯歌的表現。這首以「薛仁貴保唐」傳說爲內容的夯歌，用上四下三的七言歌句法，藉由「一領

　　　　環節時所唱誦的口采訣術歌，是以本文一律將之移往儀式歌的單元中討論。此
　　　　處僅討論單純爲體力勞動時所使用的歌謠。經整理後發現全部都是打夯歌。
〔註38〕相關夯歌特質分析，參見葛寶貴著〈青海地區勞動夯歌述略〉，《西寧：青海
　　　　教育》，（2005 年 6 期），頁 37～38。
〔註39〕蘇北地區夯歌只有三首，分別是收錄於《徐州市民間文學集成（下）——歌
　　　　謠卷》中的〈微山湖夯歌〉、《連雲港民間文學》之〈夯房基〉、《睢寧縣民間
　　　　文學集成——第二卷》之〈打夯歌〉。
〔註40〕見姚克明、沈瑞編《徐州市民間文學集成（下）——歌謠卷》，（江蘇：江蘇
　　　　文藝，1991 年 12），頁 2。
〔註41〕該夯歌中對於每夯下的一棒，皆伴以數字的吉語。如「一朝出天子來！」、「二
　　　　起兩條龍來！」、「三星福祿壽來！」、「四四如意來來！」……等。見劉兆元
　　　　等主編《連雲港民間文學集成》，（江蘇：江蘇文藝，1992 年 7 月），頁 918。
〔註42〕見《睢寧歌謠集成》，頁 7。

眾和」的方式把故事「唱」出來。全歌共長達二百二十四句，茲節錄如下：

> 夜到五更（嗨呀伊嗨呀）
>
> 天色亮，（嗨呀伊嗨呀）
>
> 萬歲差兵（嗨呀伊嗨呀）
>
> 傳命令。（嗨呀伊嗨呀）
>
> 文武群臣（嗨呀伊嗨呀）
>
> 全上殿，（嗨呀伊嗨呀），
>
> 驚動軍師（嗨呀伊嗨呀）
>
> 徐茂公。（嗨呀伊嗨呀）
>
> 我主萬歲（嗨呀伊嗨呀）
>
> 今早朝，（嗨呀伊嗨呀）
>
> 莫非朝中（嗨呀伊嗨呀）
>
> 有事情？（嗨呀伊嗨呀）……

　　這首夯歌的可貴之處，在於透過整個故事的進行，完全展現了領夯者的機智反應，巧妙拿捏了故事進行中敘事次第、情節轉折的分寸，乃至於故事中的人物心態等方面都被唱得極其傳神。整首歌謠層次井然、敘述精準，輔之以上四下三的七言歌式，更讓工作者能夠掌握得住夯歌的節奏，並藉以產生期待感同時齊一行動。不但增加了工作時的趣味，也提高了工作的效率。試想，能夠邊工作邊聽人說書，何嘗不是一種享受呢？

　　懂得在工作裡自得其樂的可不是只有建築工人！蘇北的勞動歌裡有兩首車伕的拉車謠〔註43〕，其中也充份展露出車夫對自己工作的滿意：只要車子夠新夠好夠快，每天的收入儘足養家活口（大銅鈴，毛驢蛋，一天能掙八塊半），這麼令人滿意的生活，讓車伕們就連「給個縣長也不換」了，哪裡還需要「學大寨」！

　　這麼有自信的口吻，在鐵匠及木匠的歌謠中也看得到。鐵匠對自己敲下去的每一錘都充滿期待，相信「一打鐵，二打鋼，三打金銀冒金花」，自己的認真工作除了可為個人招財（日進斗金萬萬兩〔註44〕）；也可以對國家社會作出貢獻：「……一打鐮刀二打槍，三打斧子四打樑。打了鐮刀送農莊，打了槍

〔註43〕分別是《邳縣歌謠集成》的〈拉車謠〉與《睢寧縣歌謠集成》的〈大銅鈴〉。兩首歌的內容大同小異，應互為異文。

〔註44〕〈鐵匠歌〉，見《連雲港市歌謠集成》，頁916。

炮送前方。打了斧子送工廠，打了鋼樑建樓房。〔註45〕」因此說來，這些工匠們的每一個動作，都可視爲是聚寶生福，也難怪木匠們會說：「鋸子一拉萬板飛，斧子一砍屑生輝。鑿子一下成方圓，刨子一推寶成堆〔註46〕」了！

這種對工作的自信與歡快情緒，不止出現在男性身上，就連在家裡紡紗織布的婦女，也對於自家拿手的活兒興致高昂。邳縣的〈紡紗織布歌〉，流露出婦女對自己手中的紡織工作充滿了期待與信心，相信「好線能織好白布，好布能縫好衣裳」；而這些衣裳對百姓有著莫大的幫助：「……窮人穿上喜洋洋；戰士穿上好打仗」。這樣的功勞，就如同「紡線車子也能打東洋」！

韓愈曾在〈送孟東野序〉中提到：「有不得已而後言，其歌也有思，其哭也有懷。〔註47〕」。本節所介紹的勞動歌謠，正足以充份體現韓愈所謂「其歌也有思、其哭也有懷」的感嘆。世人不難從蘇北的勞動歌中發現，越辛苦卑微的工作，越易於引發從業者自身對不幸命運的慨歎、甚至是對週圍人事的怨懟；也因此藉歌抒懷的情況越普遍。究竟什麼樣的工作，最容易引發從業勞工本身的不幸感呢？就上述勞動歌謠觀之，越是單純憑藉體力爲謀生條件的勞動者，（如礦工、鹽工、雇工），其勞動之歌越發充滿著悲哀與無奈。因爲單純的勞力工作者，在社會中總處於被剝削的不公平位置：在生計完全受制於人、卻又沒有任何雇約保障的形勢下，工作機會隨時可能會被更年輕、體力更好的人取代，這難免使勞工們不時產生朝不保夕的惶惶感。

相對於苦力們的辛酸，越是需要專業知能工作的從業者（如工匠），則對自己的人生越是滿溢自信，對工作的內容及貢獻越具有高度期待；其歌謠的數量也越少。

至於農民與漁民的生計，則同時必須仰賴專業的知能與老天爺的臉色，所以在歌謠中一方面表現出敬畏天地的特質、一方面也感歎看天吃飯的不易；但是更不忘隨時複習補充專業知能，以因應各種的多變挑戰。其勞動生活真可謂是兢兢業業，不敢片刻稍歇啊！

在蘇北勞動歌中，還有一件值得一提的特色是，多數的勞動歌都是由男性的口吻唱出；明確出自女性之口的只有一首〈紡紗織布歌〉。這種情況一方面或許與被採錄者多爲男性有關；第二種可能性則是由於蘇北具代表性的工

〔註45〕　〈打鐵歌〉，見《徐州市歌謠集成》，頁7。
〔註46〕　〈木匠歌〉，見見《連雲港市歌謠集成》，頁916。
〔註47〕　見韓愈〈送孟東野序〉。

作品項與內容，大多屬於需要大量體力勞動的類型，所以歌謠也如實反映出這種陽盛陰衰的勞動市場狀況。

　　由此可知，勞動歌所傳達的，不僅僅是勞動者的心聲，同時也反映出了人民對自我價值的肯定程度。就此看來，還有什麼比勞動歌更能傳神表達社會上百工圖的呢？

第二節　時政歌

　　時政歌是民眾感於時事而發的歌謠：它不但傳達出了人民的對政治的態度及政治理想，也適時地表現出了對統治者的批評與意見。上古時期的夏人之歌：「盍歸乎薄！盍歸乎薄！薄亦大矣〔註48〕」就是最明顯的例子。一句句「盍歸乎薄（亳，湯之都）」的呼唱，點出了時人對於夏朝局勢的悲觀，情願遠離家鄉，投身到成湯的懷抱中。在這種情況下，時政歌所反應的，不但包括了民心的向背；更關係到一個政權存續與否的可能性。所以說時政歌是社會輿論的一種，其實一點也不為過。

　　〈南齊書·五行志〉中記載了許多民間歌謠，用以作為與時事參佐的記錄。在引錄眾多歌謠之前先直言道：「下既悲苦君上之行，又畏嚴刑而不敢正言，則必先發於歌謠。『歌謠』，口事也。口氣逆則惡言，或有怪謠焉。〔註49〕」由此可知，對時政的批評與看法，往往是最直接、最尖銳，情感強烈鮮明乃至於毫不掩飾的。所以難免俚俗、難免因口氣不佳而出「惡言」。然則這些形象鮮明、簡潔有力的歌謠，卻是對每一個當下的時局最真實的寫照。故而要了解一個時代，不能不看該時代的時政歌。

　　百餘年來，中國大地歷經了無數次動盪的變化與考驗：而歌謠的內容，也隨著時局的變化逐步記錄下當時的庶民觀點與政治變遷。蘇北的時政歌中，封建君主時代的時政歌謠多不復存〔註50〕；多數人的記憶都停留在民國肇建之後，政局的混亂與爭戰的頻仍之上。兩百餘首的時政歌，時間從民國

〔註48〕見《古謠諺》引自〈尚書·大傳〉（卷二）。原文前後如下：「夏人飲酒，醉者持不醉者，不醉者持醉者，相和而歌曰：『盍歸乎薄！何歸乎薄！薄亦大矣。』」見清·杜文瀾輯《古謠諺》。卷一，頁4。（台北：世界，2009年8月四版2刷）。
〔註49〕〈南齊書·五行志〉（卷十九誌十一）。http://www.guoxue123.com/shibu/0101/00nqs/018.htm
〔註50〕只留下一首〈窮民苦〉，紀錄著光緒二十四年全國水旱災對百姓造成的影響。見《徐州市民間文學集成——歌謠卷》，頁47。

十三年左右直系軍閥張宗昌、孫傳芳等人在蘇北的肆虐唱起；歷遍對日抗戰、徐蚌會戰（淮海戰役）、國共內戰（解放戰爭），直唱到中國共產黨建政後，時政歌謠仍不停發揮著揚善伐惡的社會功能、徒歌不輟；直到西元一九八○零年代左右，由於聲光視聽等娛樂事業日趨成熟發達，人民對時政歌的熱情才逐漸消退。

　　蘇北時政歌謠，如依其內容區分，可分爲「從軍作戰歌」與「頌諷時政歌」兩大類；兩大類中再各自依不同的目的，可再劃分出若干小類。下文中將一一整理、介紹。

一、從軍作戰歌

　　從軍作戰歌是蘇北時政歌類中所佔數量較大的類別。這類歌謠中都是與戰爭相關的內容。歌謠中經歷的時間，以民國十三（西元 1924）年前後直系軍閥混戰爲始、經歷國共內戰，直到西元 1953 年韓戰結束爲止，前後約當三十年左右的時間。雖然只有短短的三十年，但是這些戰爭對於百姓的影響卻極爲嚴峻。戰爭其間，人民的日常作息及思慮，隨時得視戰爭而中斷或調整；處於備戰的心態無日稍歇；要說整個國計民生都不得不隨之起舞，一點也不爲過，其影響之鉅，實在是生活在太平世界中的我等所難以想像的。

　　在這三十年中，除跳樑的軍閥混戰以外，更重要的是對日抗戰及國共內戰接踵而來；尤其國共內戰中最慘烈的徐蚌會戰，更是以徐州爲主戰場。這場耗折雙方共近七十萬人的大戰〔註51〕，對蘇北的大地與人民而言，不但是一局具有決定性指標的戰役、更是一場令草木風雲爲之變色的浩劫。整個中國近代諸多與華北相關的戰役過程及樣貌，都在歌謠中一一被記錄下來，使我等今日可以好好檢視：究竟庶民百姓當初是以什麼樣的態度在面對這些戰爭；一個個聲嘶力竭的領導者，在人民眼中又是哪等模樣；更重要的是，一場場的大戰下來，社會中的每一份子，究竟抱持著什麼樣的心念、採取了什麼樣的行動，來面對這個千瘡百孔、爭戰不休的時代。以下將把與戰爭相關的歌謠，再細分爲**戰役歌、從軍苦樂歌、軍民關係歌、以及鬥爭革命歌**等部份，試以一一分析介紹。

〔註51〕據事後統計，徐蚌會戰國共雙方，國民政府軍對約投入五十五萬人次的兵力；解放軍則投入近十四萬人。總計將近七十萬人在短短兩個月中從精銳武器耗盡到短兵相接，用「驚天地、泣鬼神」來形容，絕不爲過。

（一）戰役歌

舉凡時政歌中直接涉及到作戰路線、方式，戰爭進度、應敵模式、敵我互動、或是對敵喊話等等的內容，於此皆歸之於戰役歌。蘇北戰役歌依時間先後，分別是軍閥混戰歌、抗日歌、國共內戰歌以及抗美援朝歌。

1、軍閥混戰歌

既名之爲「軍閥混戰歌」，局面想當然爾是一團混亂。中國近代在蘇北地區逞威的軍閥，以滿面笑容卻手段兇殘的「笑虎將軍」孫傳芳、及「狗肉將軍」張宗昌爲主。不過無論這兩位將軍再怎麼名聲赫赫，在百姓眼中，他們麾下缺乏紀律的軍隊、粗魯無文的將士，終歸是一團笑話。且看張宗昌那支窮得什麼都希罕的第三軍，是怎麼樣被民眾「稱讚」著的：

> 第三軍，真正好，門口的石槽沒抬跑〔註52〕。

既然如此，當兵的又是什麼模樣呢？

> 頭頂饃饃盤，身穿一裏圓。傳芳坐天下，不管二三年〔註53〕。

外在裝束姑且不論也罷！仗還是要打的，不過……

> 老鄉見老鄉，兩眼淚汪汪。你是扛子隊，我是竹竿槍〔註54〕。

連槍都沒有，拿著竹竿跟扛子混充，那可怎麼打仗啊！無怪乎一場混仗打下來，百姓們「開開門，一天星，奉軍死得乾淨淨〔註55〕」，滿地的將軍沒有兵，可憐一將功未成，萬骨卻已然枯了！這是番什麼樣景況啊！倒是蘇北的百姓早就習慣了軍閥的荒唐，懂得在一個個來來去去的大將軍之間自尋生路，君不見歌謠裡就這麼唱著：「老百姓，真會搞〔註56〕。哪軍來說哪軍好〔註57〕」嗎？

2、對日抗戰歌

對日抗戰是中華民族近代史上最慘烈的一場戰役，其牽連範圍之廣、經歷時間之長、折耗人力物力之大，爲同時期參戰各國所不能及。日軍鐵蹄蹂躪之地，包括了除大西部以外的整個中國；身居華北要津之一的蘇北地方當然也無法倖免。

〔註52〕《徐州市歌謠集成》，頁50。
〔註53〕同上註。
〔註54〕同上註。
〔註55〕出處同上
〔註56〕蘇北方言，扯謊、說瞎話的意思。
〔註57〕出處同註51。

　　以徐州城爲例：日軍在民國二十七（西元 1938）年的 5 月 19 日攻入了徐州城，開始了燒殺擄略的殘暴兇行。從隔日起，日軍在徐州地區開始了慘無人道的屠殺行徑：在閻窩有「人頭墓」，埋的是一部份（約兩百位）無辜百姓被日軍斬砍的頭顱；還有近千人在各種無法想像的瘋狂殺戮行爲中喪生；在漢王鄉，約有兩千人在日軍的刀下手中莫名失去了性命；八十多名從十多歲到八十歲的婦女被日軍姦淫。諸多暴行，歷歷在冊〔註58〕；斑斑血痕，將國仇家恨深深地鑴刻在每一個中華兒女的心中。日軍對中國的諸多戰略中，最令人齒冷的行徑莫過於「三光（燒光、殺光、搶光）」政策：

> ……
>
> 五月裡來本是五端陽，
>
> 更傷心哪唉喲嘿！
>
> 日本鬼大掃蕩瘋狂賽虎狼。
>
> 侮辱我婦女，政策是三光。
>
> 殺人搶東西火燒一掃光〔註59〕！

　　百姓們除了藉由歌謠相互告知日軍殘暴的政策，提醒大家注意之外；這種如風掃落葉般毫無人性的作風，更激起群眾莫大的反感及團結意識：「可恨小日本，侵佔我中華，奸淫擄掠又燒殺。人人拿起槍，英勇把敵殺，軍民齊奮戰，復興我中華……〔註60〕」，於是民歌裏要不多是消極地回嗆兇惡的日軍、給自己打氣：

> 小日本，你別兇，
>
> 共產黨是俺大救星，
>
> 三光政策嚇不倒，
>
> 抗戰一定能成功〔註61〕！

要不就是用蘇北人最常見的賭咒語氣，詛咒日本人在中國事事不順：

> 小日本，賣涼粉。打了罐，折了本。
>
> 坐火車，軋斷腿，坐輪船，喝了一肚東海水，
>
> 看你還出鬼不出鬼〔註62〕！

〔註58〕見董堯、傅繼俊編著《徐州征戰》，頁 158～165。《徐州歷史文化叢書——徐州征戰》，（北京：中華，2004 年 11 月）。

〔註59〕見《銅山縣歌謠集成》〈抗日求生存〉，頁 23。

〔註60〕見《銅山縣歌謠集成》〈抗日小調〉，頁 40。

〔註61〕見《邳縣歌謠集成》〈抗日歌謠2〉，頁 29。

再不然就是採取積極的作為，一方面嚴防所有漢奸：「紅纓槍，肩上扛，雄糾糾、氣昂昂。查路條，送情報，鬼子一來就知道」；或者除去所有可能洩露反抗行動的管道，即便連家裡養的狗也不能輕饒：

> 叫一聲小黃狗，讓俺真可惱！
>
> 你一聽隊伍行動，你就汪汪叫。
>
> 你給敵人打電報。乖乖！
>
> 你膽量真不小！
>
> 你膽量真不小！
>
> 叫一聲小黃狗，讓俺真好氣！
>
> 你一聽有人走，你就竄上去。
>
> 你給敵人傳消息，乖乖！
>
> 我得打死你，
>
> 養上豬兩條〔註63〕！

另一方面或是做好禦敵工事：「挖斷路，藏好糧，地雷埋在大路上。鬼子進村坐飛機，炸得喊爹又叫娘！〔註64〕」；或是針對日軍的三光政策，先自行實施堅壁清野的因應之道，舉凡麥子、玉米與棉花，都要快快收割納妥（搓了麥子黃了稍，小鬼已經掃蕩了。咱們大家準備好，快割快收快藏好。小鬼來了找不到！〔註65〕）；（鬼子搶糧到山下，軍民連夜收庄稼。槍炮聲中砍苞米，搧開硝煙摘棉花〔註66〕），以免被日軍搶光燒盡。至於如果真的不幸面對了兇殘的日軍壓境，那麼即便是小小的牧童，也已經立定心志，必要時將不惜殺敵於前：

> 小梭標，尖又長，天天跟我上山梁。
>
> 扛著梭標山頭站，一放哨來二放羊。
>
> 鬼子漢奸敢進山，嘿！一傢伙戳他個透心涼〔註67〕！

更別說是平日老實敦厚的莊稼漢，被日軍逼急了也會起而反抗（……日本鬼，

〔註62〕　同上註，頁29。

〔註63〕　見《《新沂縣歌謠集成》集成》，頁21。

〔註64〕　見《邳縣歌謠集成‧抗日歌謠》，頁29。

〔註65〕　見《連雲港歌謠集成‧小鬼掃蕩真困難》，頁965。類似的歌謠在邳縣也有〈收割拉打一夜完〉：「日偽掃蕩要進山，虎口奪糧麥開鐮。千里沂蒙金鋪地，收割拉打一夜完」，見《邳縣歌謠集成》，頁26。

〔註66〕　見《邳縣歌謠集成‧搧開硝煙摘棉花》，頁26。

〔註67〕　出處同上註〈小梭標〉，頁23。

眞瘋狂，下鄉掃蕩搶軍糧。莊稼漢，不尋常，舉起扁擔打豺狼〔註68〕）。

除了個人視情況抗敵以外，蘇北民眾更遍組游擊隊，神出鬼沒，針對漢奸及日軍實施突擊行動，往往讓日軍防不勝防。單在蘇北一地，就有「蘇魯豫特支」與「運河特支」兩個主要的游擊領導中心，並建立有「邳睢銅」、「魯南抱犢崗」、「沛滕邊」、「湖（微山湖）西」等根據地，極盛時期，各地游擊隊總數高達五十五支，人數每隊少則幾十、多則數千，對日軍展開搏命的殊死戰〔註69〕。如此頑強的抗敵意志，也難怪當蘇北百姓一提起游擊戰，就忍不住自豪：

> 八路軍，眞好漢，個個都是鐵腳板。只要一聲軍令下，一夜能
> 翻百架山。
>
> 打不垮，拖不爛，個個都是鐵打漢，漢奸見了沒命跑，鬼子見
> 了打顫顫。
>
> 要問爲啥這麼強？毛主席教會了游擊戰〔註70〕！

這些乍看之下與普通百姓無異的「鐵打漢」，就怕沒有武器可用（老蜻蜓，飛得高，我們要有殺人刀。殺人刀，殺得快，我們要有武工隊。武工隊，打炮眼，打得日本學鬼喊〔註71〕）；否則一旦拿起武器，個個奮不顧身：其身手之矯捷、戰略之靈活，不但會擺陣，還可以善用地理氣候變化、殲敵於無形（遍地青紗霧沉沉，軍民巧布口袋陣。神出鬼沒殲日寇，只聽槍響不見人〔註72〕）。

在這場戰爭中，蘇北百姓擺出全民皆兵的架勢，（要是俺劉司令招招手，俺男女老少都是兵〔註73〕），其戰鬥士氣之高、作戰意識之強，令人光聞歌謠就忍不住振奮精神：

> 打狗要用棒，放水要用銃。要想保家園，
> 游擊小組起來幹！起來幹！
> 東山上打游擊，西嶺上麻雀戰。
> 人又精神槍又險，還叫小鬼子沒辦法！沒辦法！

〔註68〕見《中國民間歌謠集成‧江蘇省卷‧舉起扁擔打豺狼》，頁131。
〔註69〕見董堯、傅繼俊編著《徐州征戰》，頁168。
〔註70〕見《邳縣歌謠集成‧毛主席教會了游擊戰》，頁24。
〔註71〕見《中國民間歌謠集成‧江蘇省卷‧我們要有武工隊》，頁130。
〔註72〕見《邳縣歌謠集成‧只聽槍響不見人》，頁26。
〔註73〕出處同上，〈日本鬼兒你聽清〉，頁24。

鬼子來得少，俺就和他幹；

他要來多了，俺就給他亂轉轉〔註74〕！亂轉轉〔註74〕！

　　如此直白有力的語言，對民眾而言不啻是最有效的強心針；在慷慨激昂的鼓舞之下，終於熬到了日軍漸露敗跡，開始因為在太平洋地區失利而焦慮：

日本鬼子呀着了急，

婆羅門作戰大失利。

太平洋上四面受敵，哎咳唉咳喲！

太平洋上四面受敵〔註75〕。

　　面對日軍黑暗且毫無人性的殺戮行徑，蘇北大地上的人民選擇用輕快有力、卻又堅定頑強的歌謠勇敢面對；今人雖然在戰役歌中看不到哀慟欲絕的文字、也不見怨天尤人的哭喊；卻不難從字裡行間隱約流露出的不堪情境，遙想到當年徐海大地染血的慘烈。無論戰爭如何地殘酷無情，但是蘇北兒女卻不為所動，仍舊抬頭挺胸、唱出一首首輕快高昂的歌謠，為保家衛國而屹立於斯。誰說中國人是一盤散沙呢？

3、國共內戰

　　對日抗戰方歇、國共內戰又至。從今日大歷史的角度而言，哪一方在對日抗戰中「三分抗日、七分發展」；又是哪一方在戰爭勝利之後，只顧著鞏固政權、不計代價地排除異己；如今看來，都已隨著滾滾洪流成為歷史。然而當時所唱出的一首首為了理想新世界而奮不顧身、勇猛殺敵的歌謠，至今，仍是充滿了堅定的信念與無比的驕傲。就如這首〈解放軍扛大砲〉中所言：

解放軍，扛大砲，一夜打通隴海道。

隴海道，一掃光，打完八集打碾庄。

打了碾庄向西走，一炮打到徐州府。

徐州府，被攻陷，打完江北打江南。

打過江南吃大米，佔據江北吃白麵。

打倒老蔣放鞭炮，全國人民得團圓〔註76〕。

　　如此充滿希望的歌謠，讓人看到了即將一一實現的美夢：沿著隴海鐵路一逕往西，到了徐州之後再轉南，很快就可以結束這場漫長的戰役了！這種

〔註74〕 見《連雲港歌謠集成・游擊小組起來幹》，頁962。

〔註75〕 見《新沂縣歌謠集成・鬼子着了急》，頁22。

〔註76〕 見《銅山縣歌謠集成・解放軍扛大炮》，頁19。

目標明確、又能帶給戰士們無限期待的歌謠，在國共內戰期間不止一首，邳縣的〈打淮海〔註77〕〉、新沂的〈小五更〔註78〕〉、贛榆縣的〈打過淮海打南京〔註79〕〉，都成爲軍隊行進路線的側記。這些歌謠中，清楚地敘述了中國共產黨的解放軍，從臨沂、窯灣、碾庄、大運河，一路長趨直入地進入徐州，再繼續往西進入豐、沛、蕭縣與碭山縣，最後拿下蚌埠之後南轉，與循海路南下的同袍在江南會合的計劃，沿途收盡了民眾的協助與祝福，與因爲對日抗戰而師老兵疲的國民政府軍隊相比，勝負早以在百姓的徒歌中注定了！

國共內戰的歌謠，主要表現出中共解放軍在整個內戰過程中，善用民心民氣，處處逢得百姓自願協助的境遇，間接彰顯了這是最後獲得勝利的重要原因！且看這首〈早送大軍下江南〔註80〕〉中：

> 搖起櫓，揚起帆，順風開出陳家灣。（哼喲）
> 早送大軍下江南。過了金山到焦山，
> 衝破敵人封鎖線，軍民同船一條心。（哼喲）
> 水入海，雲歸山。
> 共產黨來了把身翻，誰說漁民是命苦？（哼喲）
> 結起新網換新帆！

姑不論眞實情境是否如其所唱，是「軍民同船一條心」；然而無論如何，這些目標明確又充滿信心的國共內戰時期歌謠，都標示了「民心如水，可以載舟、亦可覆舟」的眞理，足令後人戒惕！

4、韓 戰

爆發於西元 1950 至 1953 年間、位於朝鮮半島上的韓戰，爲蘇北大地一連串的近代戰役吹上了熄燈號。這場戰爭雖然沒有在中國境內發生，但是基於國際勢力的相互角力，所以剛完成建政的中國共產黨政府，四處號召人民投身韓戰以協助北韓共黨政權對抗由美國出面馳援的南韓軍隊。表面上是一場南北韓之間的戰爭，背地裡卻引發了共產主義與資本主義爲確認彼此勢力範圍所爆發的權力爭奪戰。

在蘇北時政歌之中，關於韓戰的歌謠不多；其中論及戰役本身的，有新

〔註77〕見《邳縣歌謠集成・打淮海》，頁 27。
〔註78〕見《新沂歌謠集成・小五更2》，頁 17。
〔註79〕見《中國民間歌謠集成・江蘇省卷・打過淮海打南京》，頁 132。
〔註80〕〈早送大軍下江南〉，出處同上，頁 133。

沂縣〈抗美援朝打敗美國佬〔註81〕〉、及邳縣〈抗美援朝歌〔註82〕〉；兩者互為異文，同樣以小五更的型式，強調著美軍的兇殘暴虐，以及美軍戰機越過鴨綠江、荼毒東北百姓的惡行，藉此激化蘇北百姓同仇敵愾的心理。

（二）從軍苦樂歌

時聞人言：「高唱從軍樂」；但是就蘇北歌謠中的從軍歌來看，軍旅生涯的苦樂交雜，其中冷暖恐怕只有征人自知。且看解放軍將士藉由對敵軍的描述來反映出眞實行伍中的從軍之苦，包括升遷不易（當兵當了三年整，熬個班長難上難；白了鬍子花了眼，朝中無人難做官）、行動不自由（站崗站到三更後，刮風下雨站外頭；星期能把窰子逛，當官查到關禁閉）、思鄉無處解（不提回家還好過，提起回家軍棍打；爹娘盼兒哭瞎眼，老婆落個守空房）、薪資微薄（關餉不夠零花用，哪有銀錢寄爹娘）……等等〔註83〕。就算捱到了較好的位子，恐怕也是表面風光——中看不中用。就像這位勤務兵：

> 勤務兵，眞辛苦，
> 馬前馬後瞎咋呼，
> 打洋傘，背包袱，
> 刮風下雨堵窗戶。
> 鋪床疊被倒尿壺。

在百姓眼中認爲更慘的是，如果身爲已是強弩之末的國民政府軍，卻又生不逢時，在對日抗戰且又兼國共相抗的當口來到了八路軍的勢力範圍內，那麼不但後援無著，而且還可能受到這樣的待遇：

> ……穿破衣、蓋破被。鬼子欺，人民呸！鋼鐵打，圩溝睡
〔註84〕

當然，這些歌謠的確除了反映出從軍者的淒涼；但是就政治操作的角度而言，不斷藉著挑撥官軍待遇之差、軍旅生涯的不幸來打擊敵對方的士氣，也是這類時政歌重要的政治作用。實際說來，除非身居太平盛世下又有健全的軍旅制度，否則亂世從軍，無論身處哪一方的陣營中，總都沒有在家人的身邊來得溫暖踏實。也難怪許多歌謠中，即將入伍者總要用歌謠安慰家人、

〔註81〕見《新沂縣歌謠集成》，頁8。
〔註82〕見《邳縣歌謠集成》，頁43。
〔註83〕見《銅山縣歌謠集成》〈白軍嘆〉，頁20。
〔註84〕見《連雲港歌謠集成》〈千萬別當常備隊〉，頁912。

也激勵自己鼓起勇氣，當個樂從軍之人。在蘇北地方流傳較多的，當推在踐別時傳唱的從軍歌，歌中男兒們即將從軍、逐一向家人勸酒道別。茲載錄連雲港市的歌謠〔註85〕爲代表：

> 石榴花開胭脂紅，二十青年去當兵
>
> 第一杯酒呀敬老天，我去當兵保平安呀；
>
> 第二杯酒呀敬老地，我去當兵圖吉利啊；
>
> 第三杯酒呀敬我的大〔註86〕，我去當兵你當家；
>
> 第四杯酒呀敬我的娘，我去當兵你莫想；
>
> 第五杯酒呀敬我的哥，我去當兵你做活；
>
> 第六杯酒呀敬我的嫂，我去當兵妯娌軋〔註87〕得好呀！
>
> 第七杯酒呀敬我的妹，我去當兵你陪嫂子睡；
>
> 第八杯酒呀敬我的妻，我去當兵你別哭啼呀。

相較於其他歌謠中在離別時還向家人一一叮囑要服從黨（中國共產黨）的政策、成爲一個模範的軍人家庭〔註88〕；連雲港市的這首踐別歌就更顯眞實情切。對於即將入伍的男子而言，最放心不下的就是家中的妻小，於是特別叮嚀家人要陪伴照顧妻子；還要妻子別再傷心啼哭。細微處流露出來的夫妻之情溢於言表，還有睢寧的從軍歌，爲人夫者更從好處安慰妻子：「孩子媽，你別哭，我去當兵你享福。吃公糧，燒公草（抽公家煙），這個日子上哪找。〔註89〕」如此幽默詼諧的口吻，相信足以使哭泣中的妻子破涕爲笑。

上述歌謠都是以男子從軍爲主題的歌謠；然而當時也有女性自願投身戰場，爲家國及理想奉獻一己之力。蘇北歌謠中多有如〈抗戰不是爲自己〔註90〕〉、〈大姐一心抗戰去〉〔註91〕等歌謠，表達出巾幗不讓鬚眉的襟懷：

> 大姐今年才十七，一心一意抗戰去。
>
> 爹娘二人不願意，大姐她坐綉房生了氣
>
> 叫聲爹娘怎麼辦？不分男女都抗戰。
>
> 抗戰不獨女兒自己，全都是爲了打鬼子

〔註85〕見《連雲港歌謠集成》〈石榴花開胭脂紅〉，頁 965。

〔註86〕蘇北慣稱父親爲「大大」，猶如一般叫「爸爸」。

〔註87〕讀如「尬」，蘇北方言，意同「相處」。

〔註88〕如銅山縣的〈八勸〉，見《銅山縣歌謠集成》，頁 25。

〔註89〕見《睢寧歌謠集成》，頁 24。

〔註90〕見《銅山縣歌謠集成》，頁 39。

〔註91〕見《連雲港市歌謠集成》，頁 952。

這樣世界不怕姐妹多，全都是爲的咱中國。

爹娘若不把女兒走，我不是跳井就是離家

爹娘聽了心害怕，快把女兒送出家

爹娘送到十里街，問聲女兒早晚〔註92〕回來

叫聲爹娘回家吧，鬼子不趕走不回家。

鬼子趕出中國地，我坐著飛艇來看你老人家〔註93〕。

也有女子因爲得不到理想中的歸宿而情願投身軍旅，如以下這首〈跟著八路走〔註94〕〉：

叫俺扭，俺就扭，一扭扭到十八九，

爹娘不給俺說婆家，俺就跟著八路走。

（三）激勵軍民歌

在漫長的作戰中，如何能使軍民團結一心，是戰爭成敗的關鍵。百姓們對於軍人的犧牲奉獻抱持著感激之心；甚至回家後見賢思齊地鼓舞家人投身軍旅的也所在多有。無論身處哪一場戰役之中，無論作戰的對象爲誰，都有情緒相近的振奮歌謠在蘇北大地上不斷流傳；所以常會見到相同型式、內容互爲異文的歌謠、卻有著不同的攻擊對象。整體說來，蘇北地方的激勵軍民歌可以分成三個方向：其一是鼓勵男子入伍參軍；二是敬軍愛軍的犒勞歌；三則是講述戰爭受害故事的悲傷小調，以期激起軍民同仇敵愾的心理。

1、勸參軍歌

以勸從軍歌爲例，蘇北地區最常見的典型，當推〈光榮牌子掛門庭〉、〈賣餃子〉及〈李玉蓮勸夫〉這幾類歌謠。

以頗具故事性、直爲〈胡秋戲妻〉現代版的〈賣餃子〉歌謠爲例，這首歌謠是一首以男女對唱型式、表達出妻子對丈夫期許，希望多年不見的丈夫能在吃了自己的餃子之後，再度投身沙場、爲國奉獻，自己則情願耐心等待高唱凱歌的那一日再與丈夫團圓。

這首抗日時期的民間小調，由於內容與百姓的日常飲食結合，再加上內容中曲折的認妻趣味，因此蘇北、魯南一帶都有流傳。邳縣的集成中，在文末還特別註記了這首小調的表演方式：或由一男一女問答對唱、或由單身一

〔註92〕早晚，蘇北方言，意指「何時」。或作「多早晚」。
〔註93〕見《連雲港市歌謠集成》〈大姐一心抗戰去〉，頁952。
〔註94〕見《徐州市歌謠集成》，頁111。

人自問自唱。歌中用蘇北小調唱著一對年輕夫妻，丈夫在新婚次日就被點召入伍、使彼此在面容都還來不及細端詳的情況下就各分東西；直到行軍回到家鄉附近看見餃子舖，因為買賣而相互搭訕、如陌生人般互探家世，才發現眼前站著的正是昔日枕邊人時，那種又驚又喜的情節，令人不禁莞爾一笑，玩味不已。一句「結婚三載未見面──哪知道，餃子舖前認賢妻」，除了反映出舊時代媒妁姻緣的特色之外，也道盡了大時代中小兒女的無耐。歌謠的最後，妻子親自煮好餃子給丈夫，鼓勵丈夫再回戰場奮勇作戰；同時宣示自己也將耐心地在家中奉養雙親、等待勝利與團圓的一日。

又以〈光榮牌子掛門庭〉為例，內容是鼓勵男子踴躍從軍報國，奪得戰功光耀門楣。這個主題及型式後來不斷演變，在銅山、邳縣、連雲港等地輾轉流傳，內容也從最初的抗日版到後來的解放版，足可看出歌謠的時代性及變異性；謹此摘錄其中互為異文之處如下：

> 二十三團獨立營，誰個參軍誰光榮。
> 插著花，披著紅，光榮牌子掛門庭
> ……
> 二十三團獨立營，誰個參軍誰光榮。
> 攻碉堡，夜摸營，鬼子漢奸嚇掉魂〔註95〕。
> ……
> ──〈連雲港・抗日參軍歌〉

這是鼓勵人參軍對抗日軍的；其中「光榮牌子掛門庭」及所歌頌的「插花、披紅」，成為其後同型歌謠的重心：

> ……
> 騎著馬，披著紅，你看當兵多光榮。
> 光榮光榮真光榮，光榮牌子掛門庭。
> ──〈邳縣・光榮牌子掛門庭〔註96〕〉

再轉變時，已然成為鼓吹從軍以利革命翻身的歌謠了：

> 八路軍來獨立營，誰來參加誰光榮。
> 騎大馬，披大紅，光榮光榮真光榮。
> 咱們今天翻了身，減租減息刨窮根，

〔註95〕見《連雲港市歌謠集成》〈抗日參軍歌〉，頁952。
〔註96〕見《邳縣歌謠集成》，頁24。

　　……

　　誰要敢於欺負咱，團結起來鬥爭他！

　　……

　　　　——〈參軍歌〔註97〕〉

　　〈李玉蓮勸夫〉則是另一首流傳於抗日時期的小調。此歌由一男一女兩人，以五更調唱出一名妻子力勸剛參加了兩萬五千里長征回來的丈夫：放下一切後顧之憂，再度投身八路軍以驅逐日寇；而自己則會努力持家、等待勝利與團圓的到來。而丈夫在得到了妻子的支持與鼓勵以後，也樂得再上戰場，為國奮戰。

2、敬軍愛民歌

　　除了以上常見的三類勸參軍歌外，蘇北還有許多時政歌謠，其中裡傳達出軍民之間相互體諒、相互鼓舞的溫暖與勇氣：或是由百姓表示對解放軍的感謝與支持、及對軍隊紀律嚴明、驍勇善戰的肯定與讚美；又或者是軍隊深自惕勵要奮勇上陣，報答人民的期望與付託。因此稱之為敬軍愛民歌。

　　在表達對軍隊的感謝與支持上，最生動的一首歌謠莫過於新沂縣的這首〈慰勞歌〔註98〕〉：

　　　　正在家裡把茶燒哇，忽聽大軍已來到，我們喜得直往外跑。一喲哎喲，我們喜得直往外跑，一喲哎喲。

　　　　同志們行軍辛苦了，連夜行軍太疲勞。快上屋裡放下背包。一喲哎喲，歇歇腿好不好？，一喲哎喲。

　　……

　　如此直白又熱切的語氣，任誰聽聞都將忍不住會心一笑。還有歌謠表現出百姓堅定援軍的心情與信念，不惜唱出：「蘇北百姓骨頭硬，不怕殺頭要出頭。……一心打敗蔣匪軍，……砍根柳棍當扁擔，肩挑糧食到沛縣。〔註99〕」

　　究竟八路軍有多好，值得百姓如此奮不顧身地馳援並為後盾呢？「吃菜要吃白菜心，當兵要當八路軍。八路軍和俺心連心，八路軍打仗為窮人〔註100〕。」正是因著「打倒地主、解放人民」這樣的口號打動多數人心，使得八路軍迅速取得了人民的信任與期待，即便是他們衣衫襤褸（八路軍、穿

〔註97〕出處同上，頁33。

〔註98〕見《新沂縣歌謠集成》，頁28。

〔註99〕見《中國民間歌謠集成》江蘇省卷〈蘇北百姓硬骨頭〉。

〔註100〕見《睢寧縣歌謠集成》，頁22。

草鞋〔註101〕），但是在群眾眼裡，他們還是最勇敢的鐵打英雄漢（八路軍，真勇敢，個個都是鐵打的漢，只要一聲軍令下，一夜能闖九重山。拖不垮，打不爛，個個都是英雄漢〔註102〕），所以婦女們樂於為軍隊唱起秧歌勞軍（八路軍到此地，小大姐有多少？參加姐妹團，一路秧歌跳！〔註103〕）、送鞋（同志看好拿雙穿，不要講價錢〔註104〕），盡其所有地支援軍隊也在所不惜！

對於軍隊來說，還有什麼比這樣的溫暖言語更讓人感動的呢？只是戰爭中難免會有狂兵猛士，興許會不知趣地對百姓張牙咧嘴逞起兵威，所以軍隊中也一再教導士兵，要大家不要辜負了百姓的熱情與善意：

> 同志們呀，哥哥要聽清，
> 咱們救人們，參加八路軍。
> 革命的戰士不能忘了本，同志們呀，我要問問你：
> 吃的飯、穿的衣，是從哪來的？
> 吃和穿咱都有，依靠老百姓。
> 咱離開了老百姓，如同離了水的魚。
> ……
> 老百姓擁護咱，如同愛兒郎。
> 咱們愛戴老百姓，如同愛爺娘。……〔註105〕

3、同仇敵愾歌

然而單說靠著軍愛民、民敬軍就足以對抗強大的外敵，未免有些薄弱；要團結軍民、凝聚共識，勢必要提出共同的目標，才能夠讓單純的互敬互諒更進一步相互扶持、轉化為行動的契機。蘇北歌謠中，有一型名為〈月亮漸漸高〉的小調，就是藉由倖存婦女泣訴敵人的暴行，來喚起軍民同仇敵愾的鬥志。

這型以〈月亮漸漸高〉或〈李大嫂哭夫〉為名的歌謠〔註106〕，初時流傳於抗日時期，內容主要是婦女恨訴著日軍以兇殘的暴行虐殺了丈夫；而自己

〔註101〕出處同上，〈八路軍，穿草鞋〉，頁17。
〔註102〕見《銅山縣歌謠集成》〈八路軍真勇敢〉，頁22。
〔註103〕見《新沂縣歌謠集成》〈小五更〉，頁16。
〔註104〕見《邳縣歌謠集成》〈賣鞋大嫂〉，頁47。
〔註105〕見《邳縣歌謠集成》，頁31。
〔註106〕異名同實、互為異文的歌謠很多，大致上有邳縣〈李大嫂哭夫〉、〈月亮漸漸高〉、銅山〈月亮漸漸高〉、新沂〈月兒漸漸高〉、新沂縣〈放腳歌〉、連雲港〈打敗日本好伸冤〉、銅山縣〈蔣匪剿俺家〉等。

卻因爲纏裹小腳行動不便（鬼子搶糧來到俺的庄…俺的腳小跑不快，孩子爹爹拉著俺）；或是懷抱嬰孩不敢聲張，只能眼睜睜地看著丈夫被殺卻無法營救（……醒過來，張開眼，還子爹倒在血裡面……）。最後婦女將希望寄託給同胞，或是期待姐妹們快快放開小腳；或是希望眾人一起積極抗日（住在解放區，跟著游擊隊，織雙襪子做雙鞋，送給游擊隊……打倒小日本，過上好日子）、爲國仇家恨解氣伸冤。不過到了後期，歌謠控訴的對象從殘暴的日軍轉而成爲四處剿匪的國民政府軍隊，婦人控訴著因爲丈夫加入八路軍，所以家被國民政府軍隊搜索剿殺。

　　這種歌謠的唱法有兩種，一是單純以第三人稱唱敍的方式，娓娓道出婦女的不幸；一是以一問一答的方式，讓受害的婦人徐徐回答出自己悲慘的遭遇。不過提問者的問題有時太過尖銳，讓後人聽來不禁瞠目結舌〔註107〕。

　　姑不論是否因爲政治風向而影響了歌謠的內容，單就歌謠中所呈現的人民敬軍愛軍的行爲、以及軍隊自制自律的心意看來，這些蘇北的敬軍愛民歌謠，似乎早已預示了國共內戰的結果。要說時政歌能夠反映民心的向背，具有極強的預見性，其實並不爲過〔註108〕。

（四）革命鬥爭歌

　　如果說敬軍愛民的歌謠反映出了當時的民心對於共產主義的接受，那麼革命鬥爭歌的流傳更是具體說出了何以共產主義對於當時的民眾具有如此大的號召力。

　　在蘇北時政歌中，約當有二十多首的歌謠屬於此類**革命鬥爭歌**，其內容主要在期待早日完成政權交替，讓人民借解放軍之力，擺脫舊政客、地主、富商、土匪及地方惡霸的欺凌，過上好日子。革命鬥爭歌在屬性上多由農民、灶民與礦工唱起，在起源上與勞動歌主要是由體力型勞工爲主要創作者的情況相吻合：不可諱言的是，當社會地位越低的勞工受到越多不平等待遇時，其所壓抑的怒火越是猛烈；一旦有機會爲自己伸張正義，其反應也會最激烈。

〔註107〕如《邳縣歌謠集成》的〈月亮漸漸高〉，後半部的內容如下：問：「你怎麼不報仇的？」「有心去報仇，腳小難行走，手拿郎照片，兩眼淚交流。」問：「你怎麼不投河的？」「有心去投河，上有二公婆。懷抱小新孩，交給哪一個？」問：「一不報仇二不投河，不死不活怎麼辦？」「奴勸姐妹們，聽我對你說。不打死日本鬼，從此不安心。」

〔註108〕見張宇、張凱、查嵐等撰：〈從時政歌談人民的預見性〉。《洛陽大學學報》，（洛陽・洛陽大學，1999 年 3 月），第 14 卷第 1 期，頁 64～66。

歌謠中可見到所謂「無產階級」爲自己被逼上梁山、不得不參與革命鬥爭的決心提出這樣的說法：

> 太陽出西又出西，別笑窮人穿破衣。
>
> 江山亦有勝和敗，灰堆亦有發熱時〔註109〕。

由是之故，可見對於社會底層的民眾而言，誰能號稱立即解除他們受到壓迫的痛苦，誰就會是受到他們支持的政治勢力。也因此在中國共產黨的階級革命理念之下，部份革命鬥爭歌的內容會出現極赤裸、尖銳的言詞，罵咒著那些將痛苦與不幸加諸其身的地主或惡霸，如〈倒苦水〔註110〕〉：

> 未曾開言亂如麻，大家聽我説根芽。
>
> 到我本身三輩子，皆是討飯地主家。
>
> 狗雜種眞毒辣，不是打來就是罵；
>
> 無中生有瞎扭碴，不如他家牛和馬。

又或者是暗地裡詛咒土匪沒有好下場：

> 徐繼泰，活受罪，槍一響，圩溝睡。
>
> 舉著槍、地上跪，
>
> 「只要你能不殺我，灰灰孫情願做一輩」

然而這樣的例子畢竟只是少數，多數窮苦百姓仍恪守著溫柔敦厚的本性，對於橫加凌虐的施暴者，只是客觀地陳述出苛待的事實，例如佃農之苦〔註111〕：

> 老農夫，實在苦，一天到晚耕田土，
>
> 收點糧，給地主，見庄主，如見虎
>
> 當面不敢坐，腳跟墊屁股。

又如這首怒罵土匪的歌謠：

> 李開杭眞萬惡，仗勢欺人惡棍多。
>
> 集合土匪得代相，晝夜圍攻個多月，
>
> 黃豆炸，花生落，流血流汗損失多。
>
> ……〔註112〕

〔註109〕見《連雲港歌謠集成》〈太陽出西又出西〉，頁931。

〔註110〕見《新沂縣歌謠集成》，頁11。

〔註111〕見《連雲港歌謠集成》〈老農夫實在苦〉，頁 932。歌中「當面不敢坐，腳跟墊屁股」指的是佃農跪在地主面前回話。

〔註112〕見《連雲港歌謠集成》〈李開杭眞萬惡〉，頁 940。李開航是土匪李洪謙的部

又如一度被國民政府招安的土匪徐繼泰：

> 反動派，徐繼泰，跪著日本把禮拜，
>
> ……欺壓訛詐老百姓，奸淫燒殺把人害。
>
> ……人家發軍裝，他兵發麻袋。
>
> 當兵不發餉，到處把糧搶。……
>
> 下鄉去掃蕩，人民遭了殃。豬羊雞鴨一掃光！……

如此可惡的傢伙，也將魔爪伸到灶民身上：

> 劉九官、徐繼泰，土匪招安實在壞。
>
> 敲竹扛、抽皮帶，打罵灶民好屬害！……

也難怪百姓們要唱出：

> 日也盼，夜也待，星星月亮轉得快，
>
> 等到解放大軍來，消滅劉徐兩大害〔註113〕！

　　就算沒有招安的土匪，舊時代社會中貧富不均的狀況，也成爲礦工們期待藉由共黨革命翻身的原因。在徐州的礦工歌謠中，有許多勞動歌謠的內容反映出當時社會中政治風向的轉變，歌中尤其顯示出苦力們對於長久以來社會上欺貧怕富風氣的不滿，以及對未來政治環境的選擇，如今看來，這些歌謠內容極具有預示性：

> 馬餓極了毛顯長，人逼極了要反抗
>
> 鳥兒不願關鳥籠，窮人都帶八路性
>
> 聽說運河那邊有共產黨
>
> 咱私自暗地拉〔註114〕一場，白天黑夜總思念
>
> 哪一天能來共產黨？

　　這些舊時代的不幸，在刻意的政治操作下，全都歸諸於無能的政權——當時由蔣中正所領導的國民政府。類似這種「天下之惡皆歸焉〔註115〕」的情況，在政治上尤其明顯。例如將地主與國民政府串連在一起，成爲窮人痛苦的根源：

> 狗地主，白臉膛，實際是個黑心腸，

下，在東海縣地區逞威。

〔註113〕見《連雲港歌謠集成》〈咒罵徐繼泰〉、〈土匪招安實在壞〉，頁941～943。

〔註114〕拉，「拉拉聒」的簡用，爲蘇北方言，聊天的意思。

〔註115〕見〈論語・子張十九〉第二十：「子貢曰：『紂之不善，不如是之甚也。是以君子惡居下流，天下之惡皆歸焉。』」

吃喝玩樂不勞動，橫行霸道逞張狂

催租逼債放高利，跟著狗腿一大幫

……

打倒老蔣奪政權，再找地主算算帳。

欠下的血債要還清，咱勞動的果實要還償。

……〔註116〕

　　姑不論當時的國民政府執政成績是否真如所言、還是國民政府在根本上已經為抗日竭盡所能以致師老兵疲；但是這些革命鬥爭歌所營造出來的鬥爭氛圍，的確是極其不利於國民政府的。且觀察以下這首歌謠，如果試將歌中的主角從國民政府軍及相官人等改為日軍，則歌中所營造的痛苦及仇恨，又與其他的抗日歌謠有何差異？

……

賣國賊頭蔣介石，內戰打不盡

他用美國槍和炮，屠殺咱人民

……

發動大軍幾十萬，侵犯咱山東

掃蕩魯南安據點，雞犬都不寧

百姓好苦痛、好苦痛

……

抓人籌槍又搶糧，人民遭了殃

抓夫燒殺不講理，反攻倒算添惆悵

………

奸淫燒殺又搶糧，到處去清鄉

抓住青年就活埋，老頭上繩綁

婦女更遭殃，更遭殃

……

六月裡來三伏天，老百姓心喜歡

來了親人解放軍，江庄晴了天，

攻克利國賈汪鎮，解放咱家鄉

百姓得安然，得安然。

〔註116〕見《銅山縣歌謠集成》〈窮人翻身得解放〉，頁33。

如此具有強烈的革命意識的歌謠不止一首，連雲港地區的〈十恨〔註117〕〉、徐州地區及連雲港地區的〈哭五更〉、〈罵五更〔註118〕〉……等，都是在國共內戰時期仇視政府、鼓吹農民工革命的歌謠；其後更有對於革命鬥爭的實際行動紀錄：

> 劉三爺，下通知，磨快刀，殺公雞。
>
> 喝過齊心酒，不能把頭低。
>
> 大喝一聲好雷吼，千軍萬馬鬧公司〔註119〕。

又如：

> 太陽一出紅彤彤，共產黨隊伍到裕通。
>
> ……
>
> 馬洪亮臭鹽警，狼狽逃竄亂哄哄，
>
> 死的死，傷的傷，來不及逃跑就往潮河沖
>
> 淹死其無數，淌到龍王宮
>
> 人民拍手慶解放，從今後陽光普照樂融融〔註120〕。

灶民如此，農民亦然。在新沂縣的〈淮北民歌〉中，農民的收穫增加也只是用來繳交公糧，無法改善自己的生活，於是在民歌中鼓吹大家〔註121〕：

> ……
>
> 罵一聲狠心賊老蔣，不該聯合美國鬼，坑害人民不應當。
>
> 同胞們，快武裝，丟鋤頭，摸起槍。
>
> 立足淮海打游擊，
>
> 打敗敵人保家鄉，勝利後方得安康。

也因此有了〈土改隊下鄉來〔註122〕〉：

> ……組織農會鬥地主，分罷土地分浮財。

除此之外，革命鬥爭不是男性的專利，許多鼓吹革命鬥爭的歌謠，以激起女性的自主意識為主要目的：間接轉嫁這些舊時代遺毒給認同傳統道德的國民政府，營造出國民政府等同於欺壓女性，認同重男輕女概念的印象，包

〔註117〕見《連雲港歌謠集成》，頁946。
〔註118〕連雲港市歌謠見《連雲港市歌謠集成》頁945；徐州地區歌謠見《銅山縣歌謠集成》〈哭五更〉，頁129；《徐州市歌謠集成》〈哭五更〉，頁40。
〔註119〕見《連雲港市歌謠集成》〈鬧公司〉，頁964。本歌寫的是灶民的革命行動。
〔註120〕〈太陽一出紅彤彤〉，出處同上，頁959。
〔註121〕〈淮北民歌〉，見《新沂縣歌謠集成》，頁13。
〔註122〕見《銅山縣歌謠集成》，頁34。

托裏小腳、童養媳、虐媳爲奴……等等的不公平現象，都使得國民政府成爲舊社會中不合理制度的幫凶、也成爲中國共產黨鼓吹女性投身革命的重要理由。歌詞中以直白的口吻，點點滴滴地訴說著舊時代女性所遭遇的不公不義，刺痛著長久以來，默默忍受痛苦的女性心緒，諸如「公公小叔子把咱當馬牛」、「婆婆打小姑子罵沒有我們天下〔註123〕」、「怪二老、太心偏，輕看女、重看男。俺們本是一母生，你爲什麼兩樣看？〔註124〕」、「年方五、六歲，就把小腳纏。行走苦又艱，家貧謀生難。……白布緊緊裹，硬把骨頭斷。〔註125〕」、「小女孩十七八上前拜公婆，嫌腳大嫌臉小，嫌俺肯吃懶做活，俺受的氣給誰說？〔註126〕」之類的情況，喚醒女性們開始檢視自己的生活、甚至進一步開始投身政治活動，參與婦聯會、秧歌隊，藉由共黨集會的群眾力量重新定義自己在家庭中的地位並追求自我價值。

毛澤東曾在民國十六（西元 1927）年名爲〈湖南農民運動考察報告〉的文章中這樣定義革命：「革命不是請客吃飯，不是做文章，不是繪畫繡花，不能那樣雅緻，那樣從容不迫，文質彬彬，那樣溫良恭儉讓。革命是暴動，是一個階級推翻一個階級的暴烈的行動。〔註127〕」誠如其言，從革命鬥爭的歌謠來看，革命的確是一場又一場「暴烈的行動」：它以充滿暴力及煽動性的語言，以歌謠的型式在民間流傳著革命的意識；鼓舞著階級群眾在面對階級敵人時絕不手軟。革命鬥爭歌謠成爲社會運動的利器，具有特定的時代作用及意義；然則一連串革命（除建政的階級鬥爭革命外、還包括有中共建政後爲鞏固政權所發動的後續三面紅旗、三反五反運動、文化大革命等）流露出來充滿仇恨及非理性的氛圍、以及其殘酷無情所造成的社會黑暗及人民的不幸〔註128〕，至今看來，仍是人類文明中不可抹滅的陰影〔註129〕。

〔註123〕見《新沂縣歌謠集成》〈婦女翻身〉，頁 26。
〔註124〕見《徐州市歌謠集成》〈五更天〉，頁 41。
〔註125〕見《銅山縣歌謠集成》〈放足歌〉，頁 48。
〔註126〕見《徐州市歌謠集成》〈五更天〉，頁 41。
〔註127〕見〈毛語錄‧階級和階級鬥爭〉，第 8 條。http://zhongwen.com/x/mao2.htm。
〔註128〕如三面紅旗時期中，「人民公社」時期所造成的全面性饑荒，據今根據各項解密後文件統計，在 1960～1963 年前後總共約餓死四千萬人。參見楊繼繩著《墓碑——中國六十年代大饑荒紀實》，（香港：天地圖書，2008 年 6 月七版）。
〔註129〕劉少奇曾對毛澤東說：「餓死人，歷史要寫上你我的；人相食，要上書的。」見楊繼繩著《墓碑——中國六十年代大饑荒紀實》，（香港：天地圖書，2008年 6 月七版），〈永遠的墓碑（代序）〉，頁 11。

二、頌諷時政歌

時政歌謠具有相當程度的現實性。所謂的現實性，是指歌謠勇於反映社會真實樣貌，不掩善、不隱惡。即便是在環境最惡劣的年代，依舊試圖以幽默詼諧或是最隱晦的方式，客觀的記錄史實。在某種程度上，或可以文獻等級觀其價值〔註130〕。

除了從軍作戰歌以外，西元 1920 年代到 1980 年代間蘇北地區的時政歌謠，還有一大部份的內容，紀錄著政策成敗、吏治優劣與政令宣導。本文將之歸諸「頌諷時政歌」，於下介紹之。

（一）評政策歌

蘇北歌謠中評論政策的歌謠，主要是以西元 1949 年中共建政之後的政策為主。歌謠中明顯分為兩類，其一是盛讚德政；其二是嘲諷惡政。

如果仔細觀察上述兩種歌謠中所針對的政策時間可以發現，多數頌揚德政的歌謠是出現在西元 1949 年中共建政之後到西元 1959 年前後大躍進時期之間。進入人民公社時期之後，讚頌政策的歌謠只剩下極少數；大多數歌謠對於人民公社皆抱持著否定的態度。這也反映出目前當政者對該時期政府所抱持的評價。

一如前文，時政歌可視為是一種民間輿論。由是之故，中共建政之初，多數民眾對於新政權所可能帶來的政治局面或生活方式充滿期待；並將之表現在歌謠之中。舉凡婦女、農民工人等無產階級人士等，都對新局新政表現出高度的擁護及支持，更從歌謠中不時將共黨軍隊與國民政府的中央軍相比較，並流露出無限的感激與滿足：

> 中央軍來了一掃光，
>
> 又抓丁來又搶糧；
>
> 八路軍來了喊大娘，
>
> 鄉親裡心裡暖洋洋〔註131〕。

對於佃農而言，共產黨對於地主的革命，讓他們及時免除了交租的壓力（祖輩沒有一分地，一家老少餓斷腸），因而成為佃農們的救星（來了救星共產黨，咱們有地又有房〔註132〕）。特別在土地改革時期，睢寧縣流傳著這樣一

〔註130〕參見馬華祥撰〈河南時政歌謠的傳統特色〉，《河南師範大學學報——哲學社會科學版》，（新鄉：河南師範大學，2002 年第 29 卷第 4 期），頁 68～70。
〔註131〕見《銅山縣歌謠集成》〈鄉親喜歡八路軍〉，頁 31。
〔註132〕見《銅山縣歌謠集成》〈大河流水〉，頁 30。

首歌謠〔註133〕：

> 十畝地，一頭牛，老婆孩子熱炕頭，
>
> 吃不愁、穿不愁，窮人翻身唱呀油。

因而使得窮苦大眾對共產黨的革命心生感激，高唱著「黑暗的政府改變了，咱們窮人得到自由……咱們有權得自由，吃的米麵住高樓。擁革命緊跟著黨走！……〔註134〕」、甚至是「人人都誇新政好〔註135〕」；就連婦女也因為「如今實施婚姻法〔註136〕」而得免除於買賣婚姻及童養媳命運的痛苦之中、甚至可以自由戀愛。整個社會從老（老人今年七十七，一輩子無兒無閨女。吃穿起居有照顧，越過越是有福氣〔註137〕）到小（兄妹參加兒童團，……姐姐參加婦救會〔註138〕）；從男到女（男女不平等，實在氣死人。自從來了八路軍，咱婦女翻了身〔註139〕），都受到新政的照顧。一時之間，儼然新政成為社會上一切不公義事項的唯一解決之道。於是連〈頌黨恩〉都成為傳唱一時的歌謠。

如今看來，共產黨擅用口號、歌謠等民間文學形式，為自己傳播政策、宣揚政績，在贏得人民信任與支持的效果上比較起來，的確比拙於宣傳的國民政府卓越許多。然而新政真的這麼美好嗎？

西元 1958 年，中國共產黨基於「第一個五年計畫」實施成效良好，於是在西元 1958 年樂觀地提出將實施「第二個五年計畫」；其中三項重要的工作項目正是日後令人詬病不已的「總路線」、「大躍進」、及「人民公社」。尤其是西元 1959 年開始的「人民公社」，更是引發西元 1960 年代初期中國大陸大規模饑荒、及其後文化大革命的導火線。

眾所周知，「三面紅旗」方針後期，中共中央頒布政策，要求開始進行人民公社的生活組織方式；同時展開「大鍊鋼鐵」的活動。於此同時，由於大量人力物力及生產工具被移作熔鐵鑄鋼之用，導致農民無法正常從事農業採收工作。

另一方面，政策中人民公社鼓勵大眾以公社為家，「放開肚皮吃飽飯」，造成原本克勤克儉的農民開始享受坐享其成的生活；加上地方幹部為了避免

〔註133〕見《睢寧縣歌謠集成》〈十畝地，一頭牛〉，頁25。
〔註134〕見《連雲港歌謠集成》〈月亮一出照四周〉，頁935。
〔註135〕見《銅山縣歌謠集成》〈人人都誇新政好〉，頁32。
〔註136〕見《銅山縣歌謠集成》〈如今有了婚姻法〉，頁32。
〔註137〕見《銅山縣歌謠集成》〈孤獨老人添福氣〉，頁31。
〔註138〕出處同上，〈豌豆花〉，頁259。
〔註139〕出處同上，〈翻身不放解放軍〉，頁38。

被打入「右派」份子，而對上位者刻意奉承虛報地方農作收入等等人爲因素，都是造成其後因饑荒導致高達四千萬人以上死亡悲劇的主因〔註140〕。

　　面對這些一夕數變的革命活動、以及放縱墮性的人民公社生活方式，其優劣成敗，人民自有公論。以邳縣爲例，其時政歌除了對日抗戰、國共內戰時期歌謠外，幾乎清一色都是以批諷大躍進時期及人民公社時期社會中所出現的種種荒唐事及相關作爲。又以睢寧縣歌謠爲例，至西元1980年代時人民所記憶傳唱的時政歌，仍大多是以三面紅旗爲時代背景。這些令百姓印象深刻的歌謠，或是諷刺人民公社政策的可笑、或是譏諷幹部的自私無能，造成整個生產線變成一個「大呼隆」的笑話〔註141〕：

　　　　庄裡喊，庄頭看，路上等，田頭站。

　　　　男的打撲克，女的織毛線，

　　　　就是不幹活

再不就是

　　　　中午酒當飯，晚上麻將加彩電，

　　　　第二天起床十點半〔註142〕

人民公社時期，因爲有公社包辦人民食衣住行的大鍋飯制度，引發人民怠惰輕忽、無所事事。問題是，大鍋飯眞的行得通嗎？徐州人早就看出大鍋飯的荒謬，唱道：

　　　　出工一條龍，幹活大呼隆。

　　　　吃的大鍋飯，家窮國也窮〔註143〕。

　　一句「國窮家也窮」，成爲那個時期的最佳註腳。還有新沂縣的〈扯皮歌〔註144〕〉，描寫因爲公社制度，人民無所謂積極生產，索性成日扯皮消遣的情狀：

　　　　一二三，三二一，咱們一同來扯皮。

　　　　凡事都得慢慢來，千萬不能性子急。

　　　　……

〔註140〕詳見〈中華人民共和國歷史〉，http://zh.wikipedia.org/wiki/%E4%B8%89%E5%
　　　　B9%B4%E5%9B%B0%E9%9A%BE%E6%97%B6%E6%9C%9F；楊繼繩著《墓
　　　　碑──中國六十年代大饑荒紀實》等資料。
〔註141〕見《邳縣歌謠集成》〈大呼隆生產〉，頁13。
〔註142〕見《邳縣歌謠集成》〈當代民歌3〉，頁14。
〔註143〕見《徐州市歌謠集成》〈大鍋飯〉，頁112。
〔註144〕見《新沂縣歌謠集成》，頁10。

> 肚子撐飽沒事幹，開展扯皮大有益。
>
> 反正時間有得是，管他效率不效率。
>
> 工資分文少不了，講求速度又何必？
>
> 扯到頭髮鬍子白，這才顯得有出息
>
> ……

如此完全沒有工作意識，也難怪隨後而來的大饑荒會造成數千萬人死亡。這段中共口中所謂「三年困難時期」所發生的饑荒〔註145〕，蘇北地區亦難逃其害。先是開始發生糧食不足：

> 小雨紛紛下，糧食又漲價。
>
> 燒了板凳腿，大桌也害怕〔註146〕。

歌中隱喻著唇亡齒寒、危機就在面前的恐慌。百姓的憂慮不是無的放矢，因為這段時間過後沒多久，真正的饑荒開始降臨。

於是在歌謠中，可以見到這樣寫實又諷刺的句子：

> 大躍進，真正忙，
>
> 沒有衣服沒有糧，老老少少餓得慌〔註147〕

說是人民公社包吃包穿包住，但是真正的好處只有幹部才有，一般百姓仍是苦哈哈：

> 大幹部，小幹部，
>
> 一人一條滌綸褲〔註148〕

〔註145〕據各項研究顯示，中國共產黨政府號稱「三年困難時期」是肇因於「三年自然災害」，實則是「三分天災、七分人禍」。當時數年，實際氣候狀況是「風調雨順」，尤其是後來退居經濟二線的四川省，當時更是具有豐收的極佳氣候條件。但是饑荒仍然發生，歸納各方資料可知此饑荒主要形成的原因有以下幾點：1.「**大鍊鋼鐵**」使生產工具大量投入，無鐵器可供農耕；2. 民力大量投入大鍊鋼鐵，致使無人**務農**，即使是豐收的作物亦爛在地裡；3.「浮誇風」造成地方幹部浮報收成，為填埔缺口，將「三留」（作物收成後必須留下當口糧、種子、飼料）全數上繳，造成後續農業生產停頓；4. **反右傾鬥爭**致使無人敢說真話，各地饑荒情況不敢上報，只以「浮腫病」名之處理；5.中共中央當年將大量糧食及作物出口外援，以掙得國際認同，造成大量食物封鎖在國庫中，百姓卻因饑荒而死 6. 中國政府**封閉糧食進口管道**，使民眾完全處於與外界隔絕狀態；7. 蘇聯壓迫中共**清償**建政之初所借貸的 3.5 億美金，造成中國政府被迫大量出口糧食以賺取外匯還款；8. 誤信蘇聯**偽科學理論**，實施錯誤的農耕方式，**造成作物歉收**。

〔註146〕見《連雲港市歌謠集成》〈糧食又漲價〉，頁934。

〔註147〕見《邳縣歌謠集成》〈大呼隆生產1〉，頁13。

> 前面是日本，
>
> 後面是尿素，
>
> 染青的、染藍的，
>
> 就是沒有咱社員的〔註149〕。

由於欠食可用，只得扒撈野菜：

> 趙家橋，好難熬。
>
> 一天三頓芙芙苗〔註150〕。
>
> 沒有碗，用水瓢
>
> 沒有筷子下把撈〔註151〕。

在這種情況下，偏偏不時還有檢查隊來檢查人民公社裡的伙食，可是公社裡的伙食實情是：

> 小包車，來調查
>
> 問俺社員吃的啥
>
> 吃的芙芙苗，七七芽〔註152〕

　　真正有辦法的是幹部。特別是在伙房裡掌勺的人，於是譏諷之聲又在各地唱起：

> 小金魚（或以有地方作作「蝸蝸牛」），水上漂，
>
> 誰到食堂誰添膘〔註153〕。

再不就是

> 拉拉秧〔註154〕，爬園子，
>
> 八月十五炸丸子
>
> 大人仁，小孩倆，
>
> 隊長娘子用碗挖〔註155〕，
>
> 社員不要提意見，

〔註148〕即今日所言的尼龍（Nylon）褲。

〔註149〕以麵粉或是化學肥料的尼龍袋作成內褲，所以前後都有商標或印刷。但也限於幹部有；社員連這個也分不到。早期台灣接受美援時期也有這種褲子。

〔註150〕水生野菜。

〔註151〕《銅山縣歌謠集成》〈趙家橋〉，頁49。

〔註152〕《銅山縣歌謠集成》〈小包車，來調查〉，頁29。

〔註153〕蘇北各地都有類似歌謠。

〔註154〕野菜。

〔註155〕蘇北方言，音同「瓦」，「舀」的意思。

下回再炸不讓你見〔註156〕。

於是餓得受不了、又有辦法的人，就會想著輒兒幫自己解饞：

要想去拉饞，參加檢查團。

嘴裡沒有味，開個現場會〔註157〕。

或者開始計算著怎麼可以提高自己生活的便利，甚至開始打趣要未婚女子以嫁給幹部為第一目標：

小大姐，快快長

不嫁會計嫁隊長。

於是就在這種成天開會、檢討、浮誇虛報中，真正有利國計民生的基礎建設完全停頓，造成

東一伙，西一伙，

打派仗，不扒河，

淹得農民沒法活〔註158〕。

或是

稻茬麥、麥茬稻，

縣裡催，鄉裡叫，

就是化肥沒有到〔註159〕。

當所有的時政歌散見各地、或是與戰爭歌謠混雜而分散收錄時，或許無法使後人仔細端倪出整個時代的樣貌；然而一旦歸結整理之後，一鄉見一地、一地知全國，那段中國歷史上最慘痛無著的饑荒年代才會開始浮現輪廓。如果再加上相關史料，那麼這些表面上輕快幽默的時政歌背後，實則是由多少恐懼所釀成的血淚，已遠非生活在富裕社會中的我等所能體會！在這波大饑荒的襲擊之下，江蘇乃至蘇北地區已是當時因饑荒造成人民不正常死亡省份排名「落後」的省份；相較於比鄰而居、死亡人數卻高居全中國之冠的安徽而言，兩省在這場大難中的死亡人數相差高達 480 餘萬人；更比死亡人數最多的四川省少了約有 798 萬人〔註160〕。這些毫無溫度的數字背後，

〔註156〕見《銅山縣歌謠集成》〈拉拉秧〉，頁 11。

〔註157〕《邳縣歌謠集成》〈吃喝謠〉，頁 16。

〔註158〕《邳縣歌謠集成》〈大呼隆生產 3〉，頁 13。

〔註159〕《邳縣歌謠集成》，〈當代民歌 2〉，頁 14。

〔註160〕見曹樹基撰〈1958～1962 年四川人口死亡研究〉，《中國人口科學》，（北京：中國社會科學院人口與勞動經濟研究所，2004 年第 1 期）。文中指出當時江

是多少家庭的破碎、滅絕，又是多少人無聲地仆倒在田埂、河邊、樹下、路旁，至今已無法深究。但是人類史上會有如此悲劇的發生，又如何不引起我等反思孔子所言「苛政猛於虎」的眞知灼見？

　　至於其後紅衛兵肆虐的文化大革命時期，幾乎可以稱之爲是無歌的年代〔註161〕。可以想見，政治上的整風所及，使得民間噤若寒蟬，連隻言片語都會被羅織入罪了〔註162〕，誰還有心情唱歌？！原來大悲希歌，當作此解〔註163〕。

（二）論吏治歌

　　〈左傳·宣公二年〉：「宋城，華元爲植，巡功。城者謳曰：『睅其目，皤其腹，棄甲而復。于思于思，棄甲復來』……華元曰：『去之！其口眾我寡。〔註164〕』」。

　　對於政治人物的品評，向來是中國社會社會中的重要傳統；這種情況從宋國城者對於華元的嘲弄就可以知道。無論政治人物接受與否，這些歌謠都代表了一部份的社會輿論。同樣的，在蘇北的時政歌謠中，也有對官吏作爲的評價。可惜的是，其中對良吏的讚美不多〔註165〕，倒是對於與人民最貼近的地方官員幹部，有著一針見血的描述。

　　這些描述除了少數直接點名施加評述以外，多數描寫的是蕞爾小吏的嘴臉。受點名批評的官員中，又以因政治立場不同而被劃爲惡吏的國民政府人物爲主，如蔣介石、何應欽、白崇禧、顧祝同、胡宗南、段茂林，以及銅山

　　　　蘇省因饑荒而死的人口約153萬人；安徽663萬；四川則爲940萬人。
〔註161〕在筆者蒐集的集成中，唯一一首關於文革時期的歌謠，是銅山縣的〈踢得好，砸得對〉：「踢得好、砸得對，一年一個革委會。弄得幹部亂站隊，群眾跟著活受罪。」頁13。
〔註162〕相關記述很多，如張詒和就對中國藝文界人士在文革時期所遭受的種種待遇，寫成《一陣風，留下千古絕唱》、《往事並不如煙》等書，皆由台灣時報文化出版。然而張本人也因爲大量記錄文革時期種種事件，受中共中央特別「關注」，部份作品不得於大陸地區出版。
〔註163〕文革時，其整個中國大陸仍有歌，那是由江青所創作指定、以「紅燈籠」爲首的八部「樣板戲」，當時號稱「八億人民八部戲」。足見該時代的悲哀。
〔註164〕見《左傳·宣公》二年。見《左傳讀本》，（台北：三民書局，2002年9月），頁611。
〔註165〕在蘇北時政歌中，只有《銅山縣歌謠集成》〈李成田〉與《睢寧縣歌謠集成》〈睢寧縣長姚爾覺〉兩首歌謠，指名道姓地讚美兩位良吏。其他都是惡識貪官惡員之歌。

縣長耿繼勛等人，都在歌謠受盡批評。其罪孽包括四處拉夫、剿滅共黨份子、獨裁……等等；這些人的功過，青史自有論斷；如國府名將白崇禧，純粹是因為加入美國籍而被歌謠拿來作文章。這些帶有強烈政治立場的官員品評，因流於過度政治化，所以僅列此出以供參考〔註166〕。

不過透過歌謠的確可以發現官員的荒唐不經之處：如連雲港市婁山鎮的鎮長張玉堂，在當地以劉兆山為首的農民因不堪土匪襲擾、假意設宴坑殺土匪之後，不但不問百姓辛勞；反倒只關心起繳獲的槍械數量；甚至該村〔註167〕因受土匪報復血洗而被稱為可憐村之後，張玉堂也不聞不問。歌中所唱：「張玉堂老鎮長，賊打火燒他不問，單問百姓來繳獲的槍」，客觀寫出顢頇無能的地方官員嘴臉，如此吏治，令人匪夷所思〔註168〕。

而那些對於地方或公社幹部的批評，又以通例現象為多，累積重疊之後，呈現出不適任官員的浮世繪，多數受批評的歌謠是在指責官員貪瀆自肥，如：

> 拖拉機，來耕荒，
>
> 麥子煎餅泡辣湯。
>
> 大幹部吃，小幹部嘗，
>
> 社員一吃矬（按：扣）口糧〔註169〕。

又如寫幹部在公社食堂裡的模樣：

> 吃一個拿一個，胳肢還要夾一個〔註170〕

正當大家都以極微量的配給食物艱苦度日時，幹部們卻是：

> 一天吃一兩，餓不死司務長；
>
> 一天吃一錢，餓不死炊事員〔註171〕。

甚至是拿錢辦事〔註172〕：

> 公章不如私章，私章不如老鄉；
>
> 老鄉不如蹭膀，蹭膀不如四兩。
>
> 公章碗口大，不如老鄉一句話。

〔註166〕這些歌謠包括連雲港市歌謠〈十恨〉；《銅山縣歌謠集成》〈蔣匪剿俺家〉、〈耿聾子〉等。

〔註167〕指東海縣李堰鄉婁山村。

〔註168〕見《連雲港市歌謠集成》〈羽山霸磨山王〉，頁938。

〔註169〕見《銅山縣歌謠集成》〈拖拉機來耕荒〉，頁8。

〔註170〕見《睢寧縣歌謠集成》〈蝸牛兒，大螞蚱〉，頁18。

〔註171〕出處同上，〈一天吃一兩〉，頁19。

〔註172〕出處同上，〈公章不如私章〉，頁21。

　　　　有人送錢，百事如願；

　　　　請客送禮，百事如意。

　　不過這些千萬不能明說，因爲「得罪隊長幹重活〔註173〕」。然而眞正要拿主意、定對策時，這些幹部們卻又玩起「村看村、戶看戶，社員看幹部、幹部看黨員、黨員看支部〔註174〕」的推諉把戲，反映出當時政治上整風盛行、誰也不敢出來高聲疾呼，唯恐成爲「出頭鳥」的恐懼。

　　政治不離人治。官吏的良窳，是一個時代政治優劣的投射。從官員幹部的樣貌，足以反映出政治組織的效率與廉潔程度。在蘇北的時政歌中，反映出幹部的貪小護短、諉過搶功的眾生相，也成爲那個時代的一個註腳。

（三）政令宣導

　　時政歌中還有一個小小的部份，可歸之於「政令宣導」之用。

　　毛澤東曾指出：「爲藝術而藝術、跨階級的藝術，和政治並行或各自獨立的藝術，實際上是不存在的。無產階級的文學藝術是無產階級革命事業的一部份，……是革命機器中的『齒輪與螺絲釘』〔註175〕。」因此如何善用群眾語言、達到政治目的，一直是中國共產黨所擅長的宣傳方式。如中共的革命元老瞿秋白就曾經明白指出：「通俗的歌詞對群眾教育作用大，沒有人寫譜就照民歌曲譜填詞。好聽、好唱、群眾熟悉，馬上就能流傳，這比有些創作的曲子還好些。〔註176〕」

　　正是在這種認知下，時政歌成功地擔負起了政令宣導的任務。這種情況在蘇北時政歌中也明顯可見。當廣播、報紙、電視都不足以達到偏鄉遠地時，歌隨人走的無侷限特質就發揮了高度的宣導作用。於是歌謠中包括教導著民工要如何參與戰爭、如何抬好擔架（見新沂縣〈支前民工歌──民工紀律歌〉、〈支前民工歌──擔架要注意〉、〈歌唱田園化〉等），乃至於宣傳著符合共產主義社會無產階級的理想擇偶標準（〈豌豆開花一串鈴〉）、家庭形象（徐州市〈小五更〉）；以及鄧小平上台後的「四個現代化」政策（徐州市〈樹靠春風開新花〉）等，無一不在歌謠中紛紛可見。

　　舉例來看，歌謠中如何宣導符合「共產主義社會無產階級」的理想擇偶

〔註173〕〈得罪隊長幹重活〉，類似的歌謠在邳縣、睢寧都可見。

〔註174〕見《睢寧縣歌謠集成》〈村看村，戶看戶〉，頁22。

〔註175〕見《毛澤東語錄・文化藝術》。http://zhongwen.com/x/mao32.htm。

〔註176〕見彭玉蘭撰〈論贛南地區紅色歌謠的藝術特徵〉，（牡丹江市：牡丹江大學學報，2010年3月），第19卷第3期，頁43～47。

標準呢？簡言之，首先擇偶過程要是自由戀愛，反對包辦婚姻（不算命來不打卦，自由戀愛找對象）；而對方要能是熱衷於革命事業（革命的扁擔長又彎，嫁郎不嫁沈萬三〔註177〕）、勤快肯勞動（只要年輕能幹活，幹起活來人人歡），就是好的人選。這其中又以務農的庄稼漢爲最優（二姑娘愛中莊稼漢，生產第一好模範），因爲他們正是無產階級的代表人物啊〔註178〕！

此外爲改善民眾不識字情況，政令宣導中也可見到鼓勵百姓利用冬季農閒時刻上冬學的歌謠。如新沂縣就有〈上冬學〉及〈我勸大家上冬學〉兩歌〔註179〕。其中〈我勸大家上冬學〉更細分出十大優點，包括幹部識字後懂道理，工作不受難；同志識字免得一輩子還是大老粗；基礎幹部識字以爲表率；小姑娘識字能辦大事；婦女識字不被嘲笑；也勸老爺爺老奶奶帶孫子上冬學、開見識……等，可說是用心良苦之歌。

還有像是鼓勵爲人父母放心讓孩子上戰場，新沂縣就出現了〈服兵役〔註180〕〉歌。在歌中，主角用認真堅定的口吻，安慰母親不要擔心，並將男兒保家衛國的任務當作是光榮的天職看待。於是唱出：

> 媽媽放寬心，媽媽甭擔憂，
>
> 光榮服兵役，離別三五秋。
>
> 門前栽棵小桃樹，轉眼過牆頭。
>
> ……
>
> 光榮服兵役，保國衛家鄉。
>
> 工廠多生產，庄稼更肥壯。
>
> 人民得幸福，媽媽保安康。
>
> ……

從內容來看，這樣的歌謠內容平整、思想純正，作爲政令宣導之用是再適合不過的了。

早在唐太宗說出：「以史爲鏡，可以知興替；以人爲鏡，可以知得失」之前約七百年，漢文帝的太傅韓嬰就已引用歌謠指出：「不知爲吏，視已成事；

〔註177〕沈萬三，明代巨賈。在此指富家子弟。

〔註178〕這樣的樣板歌謠其實與大躍進時期前後，勸未婚女子「不嫁會計嫁幹部」的歌謠呈現極大的反諷。也更可看出這類歌謠政令宣導的性質。

〔註179〕見《新沂縣歌謠集成》，頁138～139。

〔註180〕見《新沂市歌謠集成》〈服兵役〉，頁15。

前車覆、後車誡〔註181〕」的爲政之道。更早之前，孔子就直指詩歌的作用，乃在於「興、觀、群、怨」；而時政歌正是「怨」（怨刺上政）的傳統精神具體呈現。這個放諸四海皆準的特色，在蘇北的時政歌中亦然。

　　放眼歷史上的戰爭、革命，無非基於主事者對理想的狂熱；也因此所謂的「主義」本身在擁有極高理想性的同時，也具有驚人的排他性。一旦出現異議份子，必會帶給另一方（常是執政者）如芒刺在背的不安、也會帶來清除異己的行動。中國國民黨如此、中國共產黨又何嘗不然？時政歌中所反應出來的，除了是時局的真實樣貌，更是成王敗寇的不變真理。是以不難推論：民間早期必然也存在著歌頌國民政府或嚴批八路軍的歌謠，只是基於政治立場的差異，在揀擇過程中被自然淘汰；兼以國府來台後，並未意識到掌握民歌中政治話語權的重要性，致使保有記憶的老者逐日凋零，造成今日所見蘇北歌謠只有單方面政治立場的局面。這是在研究民歌時必須理解且「相當然耳」的體認。

　　另一方面，時政歌的對於執政者而言，也是治國的一個重要的工具。在承平時期的政治環境中，時政歌大可以藉由反映民眾心聲，作爲執政者任黜官員、調整軍事或行政得失、甚至是和平轉移政權等等的參考依據。在社會混亂的中國近代史中，時政歌至少成功地幫助中國共產黨達到奪取政權的目的。

　　放眼蘇北地方的時政歌謠，如要將其內容涵括而論，則歌謠的要旨無非是「擊惡揚善」、「匡傾扶弱」。無論是鼓勵人民勇於出征、或是嘲諷不合理的政策與頑劣的吏治，這些歌謠所反映出的，乃是一時一地人民的真實感受。總合說來，蘇北的時政歌具有以下特性：

　　一、具有**時代性**。每一個時期的時政歌，都側寫出該時代的特色與樣貌，包括了軍閥時期的混戰、抗日時期的恐懼與憤怒、內戰時期的義憤填膺，以及中共建政後一連串的改革所帶來的痛苦與無奈，在時政歌中都以一針見血的文字，深入淺出地報導出來。可以說時政歌中，具有生動入微的歷史記憶。

　　二、具有**強烈的集體創作性**。時政歌不同於情歌或是儀式歌，其創作份子之廣泛，絕非後兩者所能及。舉凡政策所及的範圍，都有時政歌作爲回應；並予以整理、改寫，務期符合不同群體的觀點、價值。

　　三、具有**敏銳且清醒的洞察力**。俗諺云：「群眾的眼睛是雪亮的」。時政

〔註181〕或作「前車覆而後車不誡」，見清・杜文瀾編《古謠諺》卷一，頁7。

歌中，有著令人無可辯駁的現狀描述；也有著一針見血的簡練文字；三言兩語就還原了歷史現場，遠非長篇大論所能及。

四、具有蘇北特有的爽冽特質。蘇北的時政歌中，用語爽冽、嗆辣直接，卻又具有高度的幽默及諷刺性。沒有拖泥帶水的哭腔花調；也沒有隱中不發的隱晦不明，表現出蘇北特有清爽乾脆、活潑痛快的氣質。

第三節　儀式歌

《毛詩正義・周南・關雎》：「風，風也，教也。風以動之，教以化之。」自古以來，采詩以觀風一直是執政者施政時的重要參考：一方面從歌謠中觀察興論走向；另一方面則觀察各地風俗變化，以為因應之道。如有必要，則移風易俗以正教化。「移風易俗」中的「風」、「俗」，正是各地歌謠中所表現的風俗。換言之，經過地方長時間蘊釀所形成的風尚時俗，經過該地區人民沿革相襲，日久之後，則成為習慣。以之入歌，即成歌謠。是以歌謠又稱風謠，以其彰顯地方時俗之故。

在各類民間歌謠中，最能觀察出一時一地特有風俗的歌類，首推儀式歌。在儀式歌中，特定區域裡的風氣、禮節、信仰、習慣，以及經由現實社會及政治影響所形成的社會觀點及感受，都能隨著不同的儀式及歌謠內容表現出來，可謂是觀風知俗的重要指標。

儀式歌亦具有高度的時空代表性。表面上各自形成段落分明的儀式歌，實則是整個社會文化精神及內涵的縮影，使後人得以見微知著：不但可知該地區風俗長久以來的沿革方向；更可與鄰近地區相參看，分析風俗易變的原因及走向，對於了解社會民情極具助益。

一般而言，儀式歌的內容離不開人生大事。舉凡新婚、育誕、建房、作壽、喪葬、祈福等，都有儀式歌，一方面營造相應的情境氛圍，另一方面具有指導傳承的教育功用。在數量方面，又以喜慶歌謠占大多數，相關的論述將於後文一一介紹。

與江蘇其他地區相較，蘇北地方的儀式歌除了上述的功用類別之外，還有一類極具代表性的訣術歌。訣術歌類似於咒語，其產生的原因與蘇北本有的楚文化遺風有著密切的關連。楚文化中對於巫覡之術的重視，是經長時間的累積蘊釀，而成為蘇北民眾生活中重要且不可分割的特質。以之表現在民歌中，則出現較多的訣術歌。是以本節除將整理介紹蘇北地方的紅白歌謠之

外；亦另闢單元討論蘇北的訣術歌及其內容。

一、喜慶歌謠

　　有清一代學者李文炤在其所撰〈儉訓〉中說得極好：「養生送死之具，吉凶慶弔之需，人道之所不能廢，稱情以施焉，庶乎不至於固耳。」一句「人道之所不能廢」，傳達出中國人對於人際禮儀的重視。於是相應於禮節而出的儀式歌，正可以傳達出各地民眾對於人際往來的重視程度。

　　中國人對於與「喜」相關的事物特別熱情。所謂的「人生四喜」，就包括了「久旱逢甘霖、他鄉遇故知；洞房花燭夜、金榜題名時。」其中久旱逢甘霖、他鄉遇故知、金榜題名時等情境未必人人都能體會；然而「洞房花燭夜」卻是多數人人生中必經的大事；也因此蘇北的歌謠中，結婚喜歌所占比例約達全部儀式歌的三分之二，可見結婚對蘇北人來說，是何等重要。此外，如建房、育誕、賀壽、節慶之期，蘇北地區也都有相應的儀式歌謠，足見齊魯文化中，重信知禮的遺風至今仍對此地有著深厚的影響。

　　本單元將分為結婚、育誕及其他三部份介紹蘇北地區的喜慶儀式歌。至於一應禮儀進行中帶有訣術意味的歌謠，由於與整體儀式有絕對的關聯性，無法獨立進行，所以視情況依儀式進行的程序摻雜於其中，不特別列入之後「訣術歌」的單元介紹。

（一）婚儀歌

　　蘇北北屆齊魯、南比江淮，是最早受到周文化浸潤的地區之一。歷代以來，被中國文化看作「人倫大典」的婚嫁之事，在蘇北地區尤其受到重視。這一點，從與結婚相關的歌謠數量之多就可見一斑。整體而言，徐、海兩地的婚俗，皆不離傳統「六禮」的規範與程序進行。然則經過時空推移，蘇北地區的文化內涵在與楚文化交融後，發展出既重禮、又重術的特有風貌，因此在婚儀歌謠中，多數歌謠帶有訣術成份，用以祈祝新人婚後平安順意。

　　整體而言，徐、海兩地婚儀在過程上大同小異，其間或有增刪、但不損整體形貌。為便於介紹婚儀歌謠，本單元將依蘇北婚儀的程序，分婚前儀式、婚禮儀式及拜堂後儀式等部份，逐一概述各儀式的目的或意涵，同時引錄各地相應的歌謠，以一窺蘇北婚儀之貌。

1、婚前儀式歌

　　包括墊磚、填枕、套被、鋪床、開剪、絞臉、上頭、填包袱等儀式都有

歌謠在旁伴贊，這些是婚前儀式歌的主要內容。

　　蘇北婚儀歌大部份是從嫁娶儀式的當天（或前一天）開始：至於從納采開始的過程，因多為人際往來酬酢而無歌；頂多是私塾先生或專門擇吉合婚者，為批婚書而傳唱的〈男女五行命歌訣〉、〈十二生肖合婚歌訣〉、及〈五行相生相剋歌訣〉。由於這類歌謠主要為方家所用，非大眾傳唱歌謠，故於此不另行介紹〔註182〕。

　　當男女雙方已經由層層手續、儀式完成納采、問名、納吉、納徵、請期等過程後，就要進入最重要、也是最後的過程「親迎」了。

　　進行「六禮」的過程中，現今所可見到的歌謠，只有在男方送聘禮時。在蘇北大運河沿岸地區的農家，男方致送女方的聘禮（蘇北稱「彩禮」），至少要有兩大包，分別打成包袱。其一是裝著衣帽、鞋襪、腰帶、紅綠線等生活日用品；另一包則是裝著艾草、鹽、麩皮及蔥等物。打包袱時邊唱喜歌〔註183〕：

> 　　小關針，亮閃閃，俺把傳啓包袱關，
> 　　一關包袱放進艾，夫妻二人愛相連。
> 　　二關包袱放上鹽，夫妻二人帶宿緣。
> 　　三關包袱有麩麵，夫妻米麵日月甜。
> 　　四關包袱擱上蔥，兒女聰明讀聖賢。
> 　　五關包袱紅綠線，兩下為親永不斷。

　　下聘請期之後的大事，就是準備迎娶了。以下歌謠介紹，將從從親迎前一天，男方家族的準備開始談起。

　　在男方家，為迎娶新娘所要做的準備工作，包括有**墊磚、塡枕頭、套棉被、鋪床、滾床**等。其中塡放枕頭、套被鋪床等事，沒有絕對順序，各地隨俗不同；不過前四者有歌，滾床無歌，以下將逐一介紹。

　　（1）**墊磚歌**

　　為了整理新人的床舖，講究一點的人家，會在床的四腳墊上用紅紙包裹的磚塊；富貴人家則會以金塊或銀塊墊在床腳下，俗稱為「四塊金磚墊床腿」。在墊上金磚的同時，口唱喜歌：

> 　　墊金磚、墊銀磚，
> 　　四個床腳都壓金。

〔註182〕見於劉兆元著《海州民俗志》，（江蘇：江蘇文藝，1991年10月），頁26～29。
〔註183〕見《邳縣歌謠集成》〈打包袱〉，頁52。

> 鋪紅紙，壓上錢，
>
> 福祿壽喜都占全〔註184〕。

（2）填、放枕頭歌

新婚大喜之日，放在新人床上的枕頭，也要經過仔細的整理，以祈求吉利。枕頭的內容物，在海州的習俗裡是放入「蒲絨」或曬乾的柏葉、軟草；不過多數的習俗則視各家各地風俗而定，沒有絕對的規定；相同的是，蘇北各地在枕頭中一定會放入一雙筷子，以求「快得貴子」。填、放枕頭時邊填邊唱喜歌：

> 一把麩子一把草，填得枕頭正好好。
>
> 一個枕頭八個角，夫婦白頭到老樂呵呵。
>
> 兩個枕頭都填完，夫妻和好過百年。
>
> 兩個枕頭都填好，先生閨女後生小。
>
> 枕頭一擱，孩子成窩；
>
> 枕頭一拿，孩子亂爬。

或是單獨針對放枕頭唱：

> 枕頭床上擱，兒女一大窩
>
> 枕頭床上放，人丁兩興旺。

也有地方會唱道：「一頓吃飽不再餓，紅羅帳裡去上宿。花言巧語多聽些，不向人前學是非。〔註185〕」等，由枕邊細語之典帶出具有誡諭意味的填枕歌。

（3）套棉被歌

套棉被也是鋪床時一併的大事，蘇北習俗一定會在被子的四角放入栗子與棗子，也是用來期祝早生貴子，並歌道：「一把栗子一把棗，大的領著小的跑。一把栗子一把錢，大的領著小的玩。〔註186〕」

（4）鋪床歌

墊完床腳、填裝完了枕頭、被子，接著就是要整理床面了。蘇北地區婚俗，無論是墊磚、鋪床、填枕頭、鋪棉被，一應事項都要找「全福人」，依照「時書」上寫定的時辰來操辦。所謂「全福人」（又稱「全面人」），是指家中夫妻和合、兒孫俱全的人，不拘男女。男性可稱之為「全福爺爺」；女性則稱

〔註184〕見《邳縣歌謠集成》〈墊磚歌〉，頁52。

〔註185〕見姚克明老師撰〈徐州婚俗〉，收於孟慶華主編《徐州文史資料彙粹》，（江蘇・江蘇文史資料編輯部，2000年12月），頁672。

〔註186〕見《邳縣歌謠集成》〈套被歌〉，頁55。

之爲「全福奶奶」。鋪床時，要在床的四角放上紅棗、栗子、蓮子、桂圓、白果及染紅的花生等喜果，一邊鋪床，房外一邊放鞭炮，同時唱道：

> 上房金雞叫，下房鳳凰啼。
>
> 今天黃道日，正是鋪床時〔註187〕。

也有另一種唱詞道：

> 查吉日，調好向，全門人家來鋪床。
>
> 砍新竹，支好帳，吉利語兒留洞房。
>
> 芝麻秸，刷刷響，芝麻開花往上長。
>
> 腳登梯，步步高，節節上拔日月旺。
>
> 秫疙瘩，疙疙瘩，夫妻啦啦交心話。
>
> 兒女雙全頂門戶，個個頭上帶烏紗。
>
> 牛屎糞，熱氣旺，夫妻恩愛壽命長。
>
> 家增人口地增糧，熱氣勃勃酒飯香〔註188〕。

或是「床公床母腳踏神，俺家娶個有福人。又穿金來又戴銀，兒女雙全一大群〔註189〕。」、「八個栗、八個棗，八個小小滿床跑。四個去當官，四個去趕考，趕考中狀元，當官坐花轎。〔註190〕」

鋪完了床，還要由全福奶奶填放米斗：將五升大小的柳斗內置入麩皮、大米〔註191〕、糕果〔註192〕、花生、棗栗〔註193〕等，最後插入一小桿秤〔註194〕。只要沒有人在床上，就要把米斗放在床中，免新床「落空」。因此填裝米斗的全福奶奶也被稱爲「米斗奶奶」。第二天也要一起迎接新娘入房。

至此，男方家對洞房的準備儀式可說是大體就序了。

（5）開剪歌

同一時間在女方家，也正要開始爲明天的出嫁開始準備。對新娘而言，早在婚禮之前數個月到半年前，就要開始爲自己縫製嫁衣。開剪裁衣時，較

〔註187〕見《新沂縣歌謠集成》〈鋪床歌〉，頁50。

〔註188〕見《邳縣歌謠集成》〈鋪床歌〉，頁53。

〔註189〕見《徐州市歌謠集成》〈新房鋪床歌〉，頁180。

〔註190〕見《海州民俗志》，〈卷二・嫁娶（上）〉，頁39。

〔註191〕象徵富足豐收。

〔註192〕象徵生活步步高。

〔註193〕象徵早生貴子。

〔註194〕蘇北民俗，認爲秤是「鎮地龍」，能驅邪鎮凶；同是也喻新婚夫婦「秤不離錘」，能夠白頭到老。

講究的家庭會唱〈開剪歌〔註195〕〉：

> 擇良辰，查吉日，今天正是開剪時，
>
> 全門人家來裁衣，喜氣盈門有事吉。

到了臨嫁前一日，新娘子開始米水不沾牙，只吃水煮蛋或飲少許桂圓湯保持體力，名之曰「餓嫁〔註196〕」。

女方家正式的嫁女儀式，從迎娶當日開始。迎娶當日，新娘早早起身打扮，主要的儀式是絞臉。

（6）絞臉歌

蘇北民俗，稱未嫁女子爲「毛臉子」、「黃毛丫頭」，是因爲女性在額頭上端的髮際，會有柔軟的絨毛。蘇北傳統習俗中，女性婚前髮型都是打辮子，但是婚後要轉換爲髮髻，所以當頭髮全梳起後，就會露出絨毛。絨毛在臉上不但不雅觀，還會妨礙上粉化妝，所以要將之清除。這種清除絨毛的手續，就叫作「絞臉」。通常是由有經驗的婦人，手持兩段棉線，交叉成剪刀狀，在女子臉上往來絞撢以清除絨毛。據說絞過的臉在化妝時會「吃粉」，不易脫妝〔註197〕。

由是之故，未婚的女子臉上還帶絨毛，所以稱爲「毛臉子」或「黃毛丫頭」；已婚的婦女已經絞臉，所以也叫作「光臉」。女性臨嫁前絞臉也是重要的儀式，不過只是象徵性地絞三下，叫作「初臉」，同樣要由一到兩位全福奶奶來幫忙〔註198〕。絞完之後，再拿紅蛋在新人臉上滾一圈，邊滾邊唱：

> 紅雞蛋，滿臉轉，
>
> 今年喝喜酒，明年吃喜麵〔註199〕。

至於完整的「絞臉」另有一稱，叫做「開臉」，這是在新婚隔日，由婆婆或夫家大嫂來進行的儀式。一方面表示祝福、一方面則由婆婆據以驗證新婦是否爲完璧之身。〈開臉謠〉與〈絞臉謠〉內容大同小異，也同樣在絞臉之後

〔註195〕見《邳縣歌謠集成》，頁55。

〔註196〕蘇北餓嫁習俗極普遍，主要是怕新娘在一整天的婚禮過程中，要上廁所不方便；也容易引人訕笑，所以實施餓嫁。據先父指出，先伯母及家姑在民國二十五年前後出嫁時，都曾被餓嫁整得七暈八顚。

〔註197〕至今絞臉之俗在台灣仍四處可見。多數美容院或傳統市場中，會有婦女以絞臉爲業。如台北市士林區文林路與中正路附近，日間常有三、四攤婦女在紅磚道上擺小桌子幫人「絞臉」。

〔註198〕如果是由家中的女性姐妹或大嫂來絞，就三人各絞一下，稱之爲「三把臉」。

〔註199〕見《徐州市歌謠集成》〈出嫁絞臉歌〉，頁179。

取過紅雞蛋在新人臉上滾過。謹此說明，後不贅述。

2、婚禮儀式歌

蘇北婚禮的儀式細膩且複雜，每一個過程都有其代表意義，大體而言，從上花轎到拜堂完畢送入洞房中的程序中，有歌謠在旁贊禮的如下：**接寶瓶、擺拜堂桌子、燎轎、倒寶瓶、裝米斗、下轎、傳席／傳袋、撒喜、上頭。**

（1）**接寶瓶歌**

蘇北部份地區的家庭，在父兄把女兒背上花轎之後，會由全福奶奶交給新娘一個花瓶，稱之為「百寶瓶」。此一習俗源於滿洲婚俗。〈清稗類鈔・婚姻類・滿洲婚嫁〔註200〕〉：「新婦懷抱寶瓶入坐（洞房），向吉方」；對蘇北地方來說，懷抱寶瓶上轎則有一種說法，就是讓新娘「不空懷」：意指懷中有抱，也就是會孕育子女之意；另一說則是以「寶瓶」之音寓「長保平安」的祝願。所以全福奶奶將百寶瓶交給新娘時，會口占：

> 寶瓶寶瓶亮晶晶，我請新人抱懷中。
>
> 寶瓶在你懷中抱，平安無事保太平〔註201〕。

如果不幸新娘真的沒接好寶瓶、失手掉落，那麼全福奶奶會立刻唱出〈破解歌〔註202〕〉安慰新人：

> 寶瓶壺兒落了地，主大吉來主大利。
>
> 寶瓶壺兒撿起來，吉和利來是雙喜。

抱好了寶瓶，花轎就要啟程、帶著新娘子前往下一段人生了！

（2）**擺拜堂桌子歌**

當花轎前往女家迎親時，男方家同時也要開始準備拜堂用的桌子。在正堂中，擺出八仙桌，上置祖先牌位、香燭、糕點、水果等。有些地方還會在上面放置裝有五穀雜糧、麩皮、花生、栗子、紅棗等物，以取「五穀豐登」的吉兆。斗中也插上一支秤，表示新人雙方已長大成人，從此要「秤平斗滿」地過日子〔註203〕。

在布置拜堂桌子時也有喜歌〔註204〕：

〔註200〕見徐珂著《清稗類鈔》。http://www.open-lit.com/listbook.php?cid=41&gbid=322&bid=14856&start=0

〔註201〕見《邳縣歌謠集成》〈接寶瓶壺歌〉，頁52。

〔註202〕出處同上，頁53。

〔註203〕見姚克明撰，〈徐州婚俗〉，頁680。

〔註204〕此處取《徐州市歌謠集成》中所收錄，頁179。

新郎新娘來拜堂，八仙桌子按中央。

五色果品盤中獻，一對花燭亮堂堂。

（3）燎轎歌

當花轎來到了夫家門口後，爲了清除一路上可能隨著花轎的祟靈邪怪，新郎家要由族嫂兩人拿著用乾柴束成的火把，繞著花轎上下左右各轉一圈，以期清祟去邪。一邊繞、一邊唱〔註205〕：

老娘燎轎，

天神知道。

火把一照，

邪氣跑掉。

（4）倒寶瓶歌

燎完了轎，就由米斗奶奶捧著前一天裝好放在床上的米斗來迎接新娘。當轎門掀開，米斗奶奶會先請新娘作勢倒懷中的寶瓶。同時唱道：

倒寶，倒寶，白頭到老！

倒金，倒金，騾馬成群〔註206〕。

（5）裝米斗歌

新娘上轎時，娘家會預先爲新娘準備好兩樣物件置於轎內。一是被稱爲「三官書」的《三字經》；一是被稱爲「三官鏡」的鏡子。《三字經》被喻爲聖書，具有吉祥之意；鏡子則是除魔去妖的寶物，可以保護新娘一路平安。有些地方也會把新郎在送聘時帶來的腰巾束在新娘腰上。這三樣東西，在來到夫家門口，作勢倒過寶瓶之後，就都要交給米斗奶奶放在斗內。此時米斗奶奶會唱道〔註207〕：

請來娘娘裝米斗，一連八個兒郎有。

娘娘伸手裝米斗，有女成鳳美名留。

寶鏡斗中放，遇見神女娘。

貴米斗中放，遇見楚襄王。

金秤斗中插，盼生兩朵花。

貴強放當中，八子進朝綱。

〔註205〕見邵世靜、胡存英等著《徐州民俗》，（徐州：中國礦業大學，1993年10月），頁17。

〔註206〕見〈徐州婚俗〉，頁678。

〔註207〕見《新沂縣歌謠集成》〈裝米斗歌〉，頁59。

新娘放完以後，米斗奶奶會把米斗放回新房內的喜床上，此時由於不能有空床，所以新郎還坐在喜床上，等待新娘下轎來拜堂。到此迎轎的儀式才算圓滿。

也有一說，之所以會有這些下轎前的儀式，是爲了要按捺新娘的性子，稱之爲「捺性〔註208〕」。有些新娘坐了長時間的花轎，急著要下轎伸伸腿；而婆婆爲了要給新娘一點下馬威，所以故意不立刻讓人接新娘下轎，偏要等新娘的性子磨緩了、知道婆婆的厲害了，才讓她下轎。

（6）下轎歌

花轎來到門前，在完成了倒寶與裝米斗的程序之後，接著就要請新人下轎了。不過通常新人不會立刻下轎，以免被人恥笑「急著要見小女婿」。往往是由米斗奶奶帶著攪轎姑娘，三催四請才可以下轎。新娘要藉由這個過程，展現出自己的「坐勁」（耐性），表示自己坐得穩、坐得住，已經成人、有當家的資格。

請新娘下轎時的歌謠各各不同，這是因爲每一次出聲請新娘下轎，都得有不同的贊歌，所以請新人下轎歌各地都有、也都大同小異：除了讚美新娘的貴氣與美貌；就是稱讚新娘的打扮貴氣；這些歌謠的內容，就看贊禮先生、米斗奶奶及攪轎姑娘的即興口才而定。如一開始初請新人，會唱道：

> 二人輕輕掀轎門，手挽手兒拉新人，
>
> 叫聲新人跟我走，從此妳是俺家人〔註209〕。

或是再唱

> 手拿紙捻喜開懷，四位姑娘兩邊排。
>
> 袖籠伸出桂花手，轎內請下貴人來。

再不就是：

> 花轎落門台，眾位親友兩邊排。
>
> 王母娘娘端米斗，攪轎姑娘隨後來。
>
> 攪轎姑娘施下禮，我請新人把身抬。

或是

> 撕轎門來請貴人，轎裡端坐俏佳人。
>
> 珠冠一頂頭上戴，喜見新人下轎來。

〔註208〕見《海州民俗志》，頁49。
〔註209〕見《邳縣歌謠集成》〈開轎門歌〉，頁52。

又如

　　　　我請新人出轎門，月裡嫦娥起來迎

　　　　躬身施下文明禮，敬請新人下轎來〔註210〕。

　　　　……

　　諸如此類的請轎歌一唱再唱，非得要唱到贊禮先生、米斗奶奶等一干人口乾舌燥、唱無可唱，新人才會移步下轎；這也添長了婆家臉面上的風光。

（7）傳席／傳袋歌

　　傳席（或稱傳袋）是蘇北重要的婚禮習俗。據《海州民俗志》所言：「新娘下轎往新房的途中，上不能見天，用紅傘遮住；下不能沾地，路上要鋪紅毯。一般人家沒有紅毯，就用裝糧食的口袋鋪路；邊走邊把後邊的口袋移到前邊，這叫『踩口袋』，又叫『傳口袋』。〔註211〕」

　　早在宋代已有新人腳不沾地的習俗。據《東京夢華錄》〈第五卷‧娶婦〉條下云：「新人下車簷，踏青布條或氈席，不得踏地，一人捧鏡倒行，引新人跨鞍驀草及秤上過〔註212〕」。不過並沒有明確的說法，解釋為何新人腳不可着地；倒是在徐州婚俗中，對此有不同的解釋：如銅山縣就有歌謠如此解釋「傳席」：「……新人下轎不空懷，新人下轎不沾露水地。三條彩席傳過來。顛顛倒、倒倒顛。……〔註213〕」，歌中的「不空懷」，指的是「不生育」；另一方面，也說明了因為地有露水，為避免新人沾汙新嫁衣鞋，故施以傳席。

　　另一首迎接新人的歌謠中則說，新人傳席的原因是因為新人腳下不沾五色土。至於為何不可沾到五色土，則沒有清楚說明〔註214〕。

　　此後該新人腳不沾地的習俗隨時演變，至於元代，王曄在其所著雜劇《桃花女破法鬥周公》中，將此說引入劇中，成為一個重要的情節。

　　在該劇的第三褶中，當周公眼見桃花女完好無傷地坐在花轎中來到門前時，知道自己前面的種種安排都已被桃花女破解，心中因而惱怒不已，決定要再使毒計以取桃花女的性命：

〔註210〕見《新沂縣歌謠集成》〈花轎到門〉，該歌為諸多請轎歌的集成。頁139。

〔註211〕見〈海州民俗志‧嫁娶‧踩口袋〉條，頁50。

〔註212〕見宋‧孟元老著《東京夢華錄》，http://www.open-lit.com/listbook.php?cid=5&gbid=298&start=0

〔註213〕見《銅山縣歌謠集成》〈撒帳歌2〉，頁65。

〔註214〕見《銅山縣歌謠集成》〈撒帳歌4〉，頁69。原文如下：「……新人下轎不見天，一把紅傘遮上邊；新人下轎不沾五色土，兩張彩席來回傳」。不過徐州有此一說，傳說九里山區除了古井古墓眾多之外，其地下全是五色土。

> 周公云：等我再算一課。乾、坎、艮、震、巽、離、坤、兌。彭祖，
>
> 　　　　如今去請他下車兒來，正蹈着黑道，我着他登時板僵身死。
>
> 　　　（下）
>
> （彭大做掩淚科）云：罷了，兒口樂，這遭可死了也。媒婆，請新
>
> 　　　　人下車兒咱。（媒婆做扶正旦科）
>
> 正旦云：且慢著！今日是黑道日，新人蹈着地皮，無不立死，則除
>
> 　　　　是恁的。石小大哥，與我取兩領淨席來，鋪在車兒前面。
>
> 　　　　我行一領倒一領。
>
> 　　　（石留住）云：理會的。（取席鋪地科）

文中指出，桃花女算出周公刻意選在黑道日讓新人下轎，待新人一落地皮，立刻會因着黑道而喪命；誰知桃花女早算出周公此策，於是請人以淨席鋪地，「行一領倒一領」以避免與地面接觸。蘇北婚俗中「邊走邊把後邊的口袋移到前邊」的作法，正符合了劇中「行一領倒一領」的特色。

這個特色在近代的蘇北歌謠也得到了印證。如前述的徐州市歌謠中〈撒帳歌〉中，就唱出傳席的方法是：「三條彩席傳過來。顛顛倒、倒倒顛」；歌中的「席」，正符合了桃花女所言：「與我取兩領淨席來，鋪在車兒前面」。由是觀之，此俗當源自於劇中情節。

至於傳袋之說，則當是由傳席演變而來。由於部份人家以糧食口袋代替紅毯，故有「傳代」的口彩出現。依蘇北婚俗，當新人落轎隨傳席前進的同時，旁邊的贊禮之人就要隨口唱占歌謠。茲以睢寧縣的〈傳席歌〉為例〔註215〕：

> 抬頭望，舉目觀，笙琴細樂列兩邊。
>
> 行書人，提紅毯，一來一往向前傳。
>
> 一傳一品高官做，凌煙閣下把名傳。
>
> 二傳哼哈二神仙，手提采藥紫金籃。
>
> 三傳三人〔註216〕同合意，趙雲本是後來添。
>
> 一代傳十代，福祿壽喜添。
>
> 十代傳百代，八仙慶壽來。
>
> 百代傳千代，又添人口又添財。
>
> 千代傳萬代，子子孫孫掛玉帶。

〔註215〕見《睢寧縣歌謠集成》〈傳席歌〉。頁28。

〔註216〕指劉關張三人三結義。

此歌中雖然傳的是紅毯，但是卻提及千代萬代的子孫，可見傳席已轉化避災之意而與「傳代」之間發生聯結。

「傳袋」之說，主要由於取諧音爲「傳代」，寓有傳宗接代之意。於是在歌謠中，有「一代傳十代、百代傳千代」的歌詞，其目的無非是希望這個家族能夠瓜瓞綿綿、日漸碩大。是以也有在傳袋時直接用應答的歌式來賛喜。實施的方法是兩個負責傳袋的男子，一人說喜話一人大聲應和：

> 一代傳十代，好！
>
> 十代傳百代，好！
>
> 百代傳千代，好！
>
> 千代傳萬代，好〔註217〕！

時至今日，雖然無需傳席、傳袋、傳毯，但是舉凡新人在前進禮堂時腳踩紅地毯、或是重要典禮上腳踏紅地毯的慣例，皆應與蘇北此俗有異曲同工之妙。

（8）撒喜歌

新人下轎後到進入新房之間的一路上，除了腳踏傳席以外，兩旁人等也同時往新娘身上撒麥麩、喜果、喜糖等吉物，這個動作稱之爲「迎面麩」，也稱爲「撒喜」。

據《東京夢華錄》記載，撒喜之俗於宋代名之爲「撒穀豆〔註218〕」：「新婦下車子，有陰陽人執鬥，內盛穀豆錢果草節等咒祝，望門而撒，小兒輩爭拾之，謂之「撒穀豆」，俗云厭青羊等殺神也。」

撒喜時也有歌。如銅山縣的〈迎面麩〔註219〕〉：

> 花轎進門前，福壽兩雙全。
>
> 吉星高照起，榮華千萬年。
>
> 新人往前走，步步踩金線。
>
> 新人進了門，雪花白銀，
>
> 好山好水，騾馬成群。
>
> 老少和睦，四季如春。

又如邳縣的〈撒喜歌2〔註220〕〉：

〔註217〕見《海州民俗志》，頁50。

〔註218〕見〈東京夢華錄・第五卷・娶婦〉。http://www.open-lit.com/listbook.php?cid =5&gbid=298&start=0

〔註219〕見《銅山縣歌謠集成》，頁64。

一撒長命富貴，二撒金玉滿堂

三撒白頭到老，四撒地久天長。

3、拜堂後儀式歌

進入洞房之後，新人共同端坐床上等待拜堂。拜堂之後，一連串精彩的祝福活動才要開始進入高潮。

拜堂之後，新人由贊禮之人送入洞房。此刻外面喜宴方興，主婚人等忙著招呼賓客；而新人們則在同輩好友的促擁之下進入洞房。接下來的上頭、鬧洞房、觀新房、看新人、請新人……等活動才要一一開始。從送入洞房直到最後熄燈入睡，有歌謠的儀式包括：**送房、上依、觀房、摸馬桶、觀新人、鬧洞房。點燈、請新人、上頭、喝交杯酒、敬新人酒。送燈／燭、送房、撒帳、撒床、晃門鐐、戳窗**，以及第二天的掃屋。以下逐一介紹之。

（1）送房歌

拜堂之後，眾人簇擁新人入洞房。送房時，身邊一樣有贊禮之人唱祝送房歌謠。整體而言，蘇北各地都有送房歌，而各地的歌謠內容大同小異，也會隨時代或地域不同而有變化〔註221〕。大體而言，是以讚美新人郎才女貌、未來幸福富貴爲主。如新沂縣的〈二十步送房歌〔註222〕〉：

走一步一女賢良是孟姜，

走二步二郎擔山趕太陽。

走三步三人哭活紫荊樹，

走四步四人四馬去投唐。

走五步伍員才把韶關過，

走六步鎮守邊疆楊六郎。

走七步七星臺上諸葛亮；

走八步逍仙過海鬧東洋。

走九步九里山前伏韓信，

走十步十里埋伏困霸王。

十一甘羅爲宰相，

十二劉秀走南洋。

〔註220〕見《邳縣歌謠集成》，頁56。

〔註221〕如有些地方的送房歌，一開頭就是「我中華，眞文明……」

〔註222〕見《新沂縣歌謠集成》，頁57。

十三太保李存孝，

十四鐵鎬王豔章。

十五羅園奪帥印，

十六金刀火山王。

十七大刀王懷女，

十八薛剛反大唐。

十九孫龐來鬥智，

二十八宿鬧昆陽。

這首送房歌可以說是很別緻的，歌中以數字爲起始，讓新人步步有名堂，而且其中所說的都是大家耳熟能詳的劇目中人，讓人聽了會心一笑，也讓新人注意歌中典故而忘了緊張。

送房歌中最特別的要屬銅山縣收錄的一首送房歌。此歌名爲〈要果子歌〔註223〕〉，實則是送房歌。這爲唱歌的贊禮先生特別狹促，非得要拿到好處才要唱歌送新人入房。如果新人不依，他就不唱送房歌，讓兩人在房外乾著急；逼得新娘只好請陪嫁孃孃開箱子，讓送房人心滿意足：

叫新人，聽我講，新郎叫俺來送房。

送房不是白送的，先拿果子後拿糖。

火燒每人拿四個，再拿四盒安息香。

拿東西，如翻掌，這事全在新乾娘。

將鑰匙，拿在手，開過櫃子開皮箱。

四樣東西都拿夠，才送他們進洞房。

……

蘇北風俗：「鬧喜不翻臉」，意思是說在辦喜事時，無論旁人怎麼捉弄都不能翻臉生氣，就怕逗不來旁人的口彩也壞了熱鬧氣氛。這位送房人如此抓住慣例，大大地搞弄了新人一番，如果不是因爲這位新乾娘〔註224〕看起來太苛太厲害，就是這位送房人實在太狹促，才會把送房歌唱成這樣！

（2）上依歌

新人入洞房後，原本要由新郎把新娘的紅蓋頭（又稱「三官巾」）挑開，不過因爲時代變遷之故，新人多不用蓋頭，於是改將上轎時所穿的外褂（俗

〔註223〕見《銅山縣歌謠集成》，頁72。

〔註224〕新娘的陪嫁孃孃。

稱「上轎紅」）脫下，交給新郎往床頂拋擲，此俗名之爲「上衣」（「上」在轉品爲動詞），也作「上依」，寓意新娘從此往上有了依靠之意。新娘脫襖時也有歌從旁助儀：

　　　大紅襖，往上扔，脫下紅襖換子衿。

　　　新人今天帳中坐，合家歡樂笑盈盈〔註225〕。

（3）觀房歌

　　早期蘇北家庭，多數人家的新房裡也有內外之分。通常進房後是一個小客廳，往裡才是夫妻臥室。所謂的「觀房」是指夫妻在拜堂之後回到臥室、放下門簾後，由全福奶奶或全福爺爺，手拿著燃著火的紅紙捻，把新房上下全照過一遍。這個動作與花轎到門時的燎轎有些類似，都有藉著火來淨化空間、迎接新人的意味。一邊四處照，一邊還要唱著喜歌。這類喜歌就叫作「觀房」。

　　觀房歌的內容，主要在讚美新房中的陳設精美、樣樣俱全，最好是能每一件東西都唱到、每一樣功能都有喜話說。所以觀房歌的篇幅多數都很長：講究一點的，會從新婚夫婦所住的小院照壁開始讚起，一路贊到房裡的家具甚至是擺設。隨著時長月久，觀房的喜歌也從最初的五言或七言歌，演變到後來民國時期的文明觀房歌。茲各轉錄一首於下，以供比較：

　　　一進喜房喜洋洋，喜房裡面亮堂堂。

　　　被子上面印花朵，枕頭上面繡鴛鴦。

　　　紅綾棉帳綠綢被，一對金鉤掛兩旁。

　　　五色彩匾生喜氣，燈火輝煌照洞房。

　　　喜房擺設千般美，等待新人進喜房〔註226〕。

接下來是民國以後的觀房歌：

　　　新中華，最改良，文明結婚眞正強。

　　　今日來到看嫂子，新郎留俺來送房。

　　　抬起頭，仔細望，天井內外四方方。

　　　五色彩庭遮日月，汽燈高掛堂中央。

　　　堂堂亮亮如白晝，諸位親友鬧嚷嚷。

　　　左手拿著紅紙捻，右手拿著安息香……〔註227〕

〔註225〕見邳縣歌謠〈脫襖歌〉，頁55。

〔註226〕見連雲港市歌謠〈觀喜房〉，頁974。

與多數號稱文明時代的民國以後儀式歌一樣，這些儀式歌雖然號稱是為了民國時期的文明結婚所唱，但是對於傳統習俗中的禮俗仍不至於隨意刪減。所不同的只是將歌謠的字詞從小調轉為白話、描述的物品變成現代化工業革命後的產品；卻也在唱歌的同時，延續保存了對傳統儀式的尊重與接納。

（4）摸馬桶歌

觀完新房之後還有一件重要的大事，就是摸馬桶。早時蘇北習俗，女兒出嫁時一定要帶上的三樣基本陪嫁之一就是馬桶。早期民眾對養育後代極其重視，有時婦女在馬桶上就會生下小孩來，所以帶上馬桶也意味著新人能夠早日完成著傳宗接代的任務。為了要博得好采頭，所以在觀完房後，會讓一起來送房的小朋友進入臥室中，此時新人面向喜床，讓孩子們去摸床旁的新馬桶並說吉語。

為了引來小朋友搶摸馬桶，馬桶裡除了會放上招子的紅漆筷子（快生貴子）之外，還會置入許多喜糖喜果。小朋友只要唱了摸了馬桶、唱了喜歌，就可以拿走裡面的果子。邊摸時邊說的喜話包括有：

> 小小金桶圓又圓，三道金箍往上傳。
>
> 上面蹲的新貴人，懷裡揣個小狀元〔註228〕。

（5）觀新人歌

點著了的紅紙捻環顧所及，當然不只有新房中的一應事物，還會照到房中站著的一對新人。這時候所有送房的親友，也會一一上前來道喜祝賀。於是就由全福人拿著紙捻，在觀房完之後接著觀新人，同時又唱出不同的吉語美言，所以成就了許多「看新人歌」。看新人歌多以讚美新娘為主題；就拿新沂縣的〈看新人〔註229〕〉為例，歌中從新娘的頭頂打扮開始細細讚起（戴鳳冠、烏雲髮、盤龍髻、金釵成行），讚到新人的美貌（芙蓉面、柳葉眉、杏子眼、櫻桃口、小金蓮……）、首飾（珍珠花、牡丹花、耳戴八寶、金戒指……）、喜服（大紅襖、花羅衫、紅緞裙、紅緞鞋），甚至是衣飾上所綉的圖案（八洞神仙、英雄豪傑）等，全都連典帶故一一唱來，過程細膩，讓人不禁佩服歌者的急智與觀察力、想像力，甚至是平日所積累的豐富知識。

這首歌謠最有趣的是結尾。這位齒牙伶俐的贊者，在唱完了這麼長的一大段溢美之辭後，終於願意讓新人早早休息了：

〔註227〕見《邳縣歌謠集成》，頁57。
〔註228〕見《海州民俗志》，頁53。
〔註229〕見新沂縣歌謠，頁52。

……
　　我緊〔註230〕說，你緊看，說到天明說未完。

　　依我說，快快看，別學討厭惹人煩。

　　新娘子，兩腿酸，我的喉嚨也發乾。

　　龍井茶，倒一碗，無有龍井喝竹蘭。

　　新娘子，快快端，吃完香茶吃香煙！

　　也有一類「看新人歌」以「花」為主題，其名大多為「我看新人滿身花」。大體上也是由觀房人拿著燃著的紅紙捻，從頭到尾，把新娘身上的「花」都贊照一遍。以睢寧收錄的歌謠為例：

　　一步踏金階，二步蓮花開。

　　要看新貴人，都隨我進來。

　　手拿紙捻亮沙沙，我看新人滿身花。

　　頭上戴翠花，背插海棠花。

　　蠶蛾柳眉是榮花，杏子眼珍珠花，

　　嘴點胭脂是紅花，好紅襖，迎春花，

　　大紅褲子百折花，

　　大紅裙子送子麒麟花，

　　大紅鞋，滿幫花，

　　怎叫新郎不愛她〔註231〕！

（6）鬧洞房歌

　　觀房人招來了眾親友——觀新房、觀新人，當然也就引得眾人來鬧洞房了。鬧洞房的眾親友人品各個不同，有的口出吉言；有的則是非得鬧到新人發窘才肯罷手。通常要鬧到新人討饒，眾人才會覺有趣與滿意。有的鬧房歌信口胡謅，就如銅山縣這首鬧房歌〔註232〕：

　　一進新房笑哈哈，俺看嫂子長得俏，

　　新郎去年就想你，三番托媒把你要。

　　到今天你才來到，俺問嫂子躁不躁？

　　嫂子一聽心裡喜，抿住嘴來不敢笑。

〔註230〕緊，蘇北方言，有「拼命地」、「一直不斷地」之意。
〔註231〕《睢寧縣歌謠集成》〈觀看新人滿身花〉，頁31。
〔註232〕見《銅山縣歌謠集成》，頁76。

今年俺去趕廟會，碰見嫂子買草帽。

銀洋票子拿一把，誰知嫂子不敢要。

新郎上前拉一把，誰知嫂子發了躁。

不是兄弟打圓場，非要當官把你告！

不是兄弟打圓場，非要城裡去登報。

要說沒有這件事，全當兄弟瞎胡鬧！

這首歌裡硬要扯出新人之間早有情意，讓兩人害羞；這種逗人取樂的方式，還算是比較厚道的鬧法；遇到了更狹促的鬧房人，索性會以取笑新人為樂。如這首邳縣的〈醜新娘〔註233〕〉，歌詞內容雖然粗魯不文，把新娘唱得全然不得人緣、也極盡消遣之能事，不過這類歌謠卻有著弦外之音。先看歌謠：

一進喜房把眉皺，觀看新娘好醜陋。

野雞頭、卷毛獸，招風耳朵向前搆。

鼻窩灰，四指厚，黃膿鼻子只淚漏。

胳肢窩，散狐臭，兩個奶子三斤六。

水牛腰，馬蜂腚，走起路來擰三擰！

此歌中把新娘說得如此不堪，照常理一定會引得新娘因害羞而生氣。通常這種歌謠唱完之後，旁邊的人會挑釁的問新娘：「你生氣啦？生啊！生啊！」唱歌人是假「生氣」的「生」，諧「生育」的「生」，具有口彩的效果，所以在蘇北地方，這種鬧洞房的方式也很常見。

通常這種鬧新房的方式由成年人來進行較容易尷尬，蘇北許多地方是借由兒童之口來唱逗新娘。如兒歌中的〈小白雞〔註234〕〉，雖歸之於兒歌，但它真正的目的卻是與上述〈醜新娘〉一樣，是要讓新娘生氣用的，其歌如下：

小白雞，叼粉絲，

某家娶個花嬌子，

腳又小，臉又白，

兩個媽媽打油錘

歌中的「媽媽」是指女性的乳房，「兩個媽媽打油錘」是在嘲弄新娘子的

〔註233〕見《邳縣歌謠集成》，頁 67。

〔註234〕不過近年來由於大陸實施一胎化，多數兒童的家人都捨不得孩子連夜參與鬧洞房的活動，因此這類的歌謠也逐漸消失中，幸賴銅山縣徐庄鎮文化站站長張世龍老師說明介紹之。

乳房碩大，好像兩個磨坊裡的油錘。這首兒歌的用意，正是經由一群兒童在鬧洞房時一起大聲唱出，故意拿新娘子的大乳房開玩笑，使得新娘子聽到後因害羞而生氣；兒童們則嘻皮笑臉的說：「你生氣啦！生呀！生呀！拼命的生啊！」以此討得早生貴子的口彩〔註235〕。

（7）點燈歌

好不容易讓來參加婚禮的親友鬧完房，整個婚禮的過程也終於要進入了最後的階段。此時已經由新郎家人，把親友請出新房，以便讓新人相互行禮、相處。

在送出了親友之後，此時新娘還是在洞房之中。無論新房內有沒有小客廳，此時都會在房中桌上重新置上酒菜，供累餓了一整天的新人使用。

當酒席設好，一般蘇北習俗會由小姑送燈點燈進屋，告知新人已經夜深，可以吃夜飯了。點燈也有喜歌，如徐州市的喜歌是：

> 進屋來，黑影影，
>
> 我給新人來送燈。
>
> 金燈對銀燈，
>
> 瓦屋對樓亭。
>
> 八仙桌子對椅凳，
>
> 十八的大姐配學生〔註236〕！

又如連雲港的點燈歌〔註237〕：

> 伸手點起燈燭花，照得新房亮沙沙。
>
> 夫妻恩愛又孝順，親親友友人人誇。

還有一說指出，新娘嫁入夫家時，會從娘家帶來「長命燈」，在大婚當晚，要請夫家大嫂來點燈，點時並唱喜歌〔註238〕：

> 紅燈捻來紅燈纓，
>
> 新人請俺來點燈。
>
> 昨天還在娘家過，

〔註235〕銅山縣許庄文化站站長張世龍先生講述，筆者採錄。採錄時間：2010年1月13日。地點：銅山縣許庄鎮毛庄村時樓張宅。

〔註236〕蘇北習慣中，或稱年輕的男子為「學生」。

〔註237〕見《連雲港市歌謠集成》，頁975。

〔註238〕由銅山縣許庄文化站站長張世龍先生講述，筆者採錄。採錄時間：2010年1月12日。地點：銅山縣許庄鎮毛庄村時樓張宅。

　　　　今天來陪新相公。

　　　　過個一年並二載，

　　　　生個狀元喊大娘〔註239〕。

（8）請新人歌

　　點上燈以後，贊禮人或是米斗奶奶就要請新人移架到桌前，敬酒與享用佳餚了。新郎往往一請就動身，不過這時候也許由於前面贊禮人帶著眾人鬧新房鬧得太不像話；又或者基於表示矜持，新娘大多要經過三催四請才肯移步。

　　出現這種情況，在旁的贊禮人（或稱送房人）大多能體諒，不斷一次次地聲請，也不斷一首首地唱著請新娘歌。歌謠的內容無非是盛讚新娘的溫順美麗，祈祝兩人婚後幸福美滿；不過贊禮人的耐性有限，如果經過七請八催，新娘還不肯現身，那麼歌謠中的歌詞就會越來越不客氣，甚至威脅要動手直接拉人了。且看邳縣這一組八首的〈送房請新人歌〔註240〕〉，一開始是：

　　　　請新人，出繡閣，早生貴子早登科。

　　　　福也多，壽也多，好比太君老令婆。

　　到了中段第六次請新人，歌者開始不客氣了，威脅新娘快快出來，不要等到自己難堪：

　　　　請新人出華樓，新人何必更遲留，

　　　　人間夫妻皆配偶，天上神女會穿牛，

　　　　無雨花開成并蒂，不比叫俺喊喉嚨。

　　　　對著大家裝模樣，上床還會把郎勾！

　　歌裡送房人開始威脅新娘，不要敬酒不吃吃罰酒、硬要被罵得哭兮兮才肯出來（無雨花開成并蒂，不比叫俺喊喉嚨）。同時開始打趣新娘千萬別在人前裝模作樣。不過也許是新娘聞此也動了肝火、也或許本來就不樂意這段姻緣，總之是更不願意出來，於是送房人再唱第七請，不過第七請時，也許由於送房人自覺剛剛唱得太過硬氣，於是態度又回軟許多：

　　　　請新人出華筵，華筵歌舞樂群山

　　　　壽星喜撒長生酒，你們夫妻獻茶煙。

　　　　諸君都是真情意，歡樂移俗到席前。

〔註239〕北方稱伯母為「大娘」。點燈人此歌意謂明年新人生下小寶寶後，就有人可以叫她大娘了。

〔註240〕見《邳縣歌謠集成》，頁50～51。

沒想到新娘還是請不來！到了第八請，送房人索性毫不客氣地開始反唇相譏、也威脅就要動手了：

> 請新人不出房，新人何必細思量？
>
> 雖然是我唇邊話，也是周公禮應當。
>
> 問你如何談戀愛？如何月夜送情郎？
>
> 假如要我親自拽，拉拉扯扯也無光！

歌兒唱到這個地步，旁人也會看不下去了。其他在旁的人大多會快快上前打圓場，拉出新娘來，以免場面太僵難以繼續後面的儀式，也給新娘一個臺階下。

（9）上頭歌

有的地方比較講究，在出洞房後新人要先在八仙桌旁坐下，以行「上頭」之禮。

原本蘇北稱「上頭」是指待嫁姑娘上轎前的梳頭儀式：其過程是把大姑娘的辮子拆開，轉梳成髮髻。不過不同地區的上頭的時機也有差別，大致來說有兩個：一個是出嫁前；一個是入洞房後。

出嫁前上頭，待嫁女兒要端坐在椅子上，由全福奶奶梳頭，腳下放置銅盆，盆裡點上燈並放入一串錢，名為「長命燈」、「富貴錢」。

有些地區在新人成婚之後要再上一次頭。進行的方式是請新人對坐、腳下踩著斗，由贊禮先生或米斗奶奶在旁唱道：

> 夫妻二人蹬著斗，雙方活到九十九。
>
> 夫妻二人蹬著斗，你笑我喜抬起頭。

接著贊禮者再拿起紅線在新人臉部繞一繞，唱道：

> 上頭線，滾紅蛋，今晚要把新人見。
>
> 夫妻二人來見面，明年要吃紅雞蛋。

最後再拿起紅蛋在新人面前繞唱道：

> 紅雞蛋，放紅光，夫妻二人喜氣長。
>
> 今天上頭入洞房，明年早生狀元郎〔註241〕。

至此上頭才算結束。

（10）喝交杯酒歌

上頭（或拜堂）之後，夫妻已可稱之為「結髮夫妻」，依例要喝交杯酒。

〔註241〕見邳縣〈上頭歌〉，頁54。

各地對交杯酒的贊歌大同小異，不過都是由米斗奶奶或贊禮先生指導新人飲
交杯酒，新人邊喝、旁人邊唱〔註242〕：

> 二人喝了交心酒，夫妻恩愛到白頭。
>
> 今晚洞房度花燭，今後兒女碰破頭。
>
> 二人喝了交心酒，兩口吵架不記仇。

（11）敬新人酒歌

喝過交杯酒之後，送房人等也要開始逐一向新人敬酒、準備告辭了。不
過這時大多已入深夜，有的送房人卻還餘興不減，於是敬酒就成為另一個鬧
洞房的高潮；而相伴出現的敬酒歌當然也隨之而生。

敬酒歌裡單獨向新娘敬酒的歌謠較少，主要原因大約是因為前面在觀新
人歌裡都是以新娘為主角，該說的喜話都說全了；另一方面，一直對著新娘
敬酒也著實不識趣，所以敬新人酒歌中，大多數是以夫妻二人共同為對象、
或以新郎為捉對廝殺拼酒的目標。向新人敬酒歌的數量極多，不過大致上可
分為幾類，包括「贊英豪」、「十杯酒」、「月老配就幾百秋」等系列；還有一
種名帶「沾光」的歌謠，是敬新娘酒的一種說辭：敬酒人向新人說明自己能
來參加喜會，是沾了新郎的光，因此特別要向新娘致意。以下逐一介紹之。

甲、「贊英豪」系列：這一系列的敬酒歌主要是針對新郎而來。這類的歌
謠通常是用「十杯酒」為基本型式，以傳說中的英雄豪傑串起整首歌謠，藉
此讚美新郎也如同歌中的英雄豪傑一般為人中，同時賣弄一番敬酒人的口角
春風。如：

> 一杯酒，獨佔鰲，薛禮征東小白袍，
>
> 十二回家龍門縣，汾河灣前遇英豪。
>
> 二杯酒，關雲長，白馬坡前斬顏良。……
>
> 三杯酒，米增紹，臨潼關救駕秦叔寶。……
>
> 四杯酒，說臥龍，錯用馬稷失街亭，……
>
> 五杯酒，石榴紅，好似金蟬配羅成……
>
> 六杯酒，狀元紅，周郎領兵守江東，……
>
> 七杯酒，綠葡萄，宋江結義眾英豪。……
>
> 八杯酒，桂花黃，好似泥馬度康王……
>
> 九杯酒，趙子龍，三國之內逞英雄。……

〔註242〕見《邳縣歌謠集成》〈交心歌〉，頁53。

十杯酒，漢劉邦，韓信領兵渡陳倉〔註243〕。……

這種敬酒歌到了民國，也有以民國人物爲主題串起的歌謠〔註244〕，

　　一杯酒喜酒敬新郎，

　　聽我唱，北伐司令馮玉祥，

　　用兵計，甚剛強，

　　四路發兵打北洋！（好！）

　　二杯酒喜酒敬新人，

　　聽我唱，北洋軍閥張作霖，

　　在關外，不動身，

　　勾結外國打南軍！（壞！）

　　三杯酒喜酒喜歡顏，

　　聽我唱，開國領導孫中山，

　　……

　　如此依序以一正面、一負面的人物爲題唱出敬酒歌，旁邊的人也隨之叫好或罵壞，也是一種贊英豪的類型。

　　乙、「十杯酒」系列：同樣以十杯酒爲令對新人祝酒，不過歌中全是吉語喜話，如：

　　一杯酒，一氣鮮，姻緣正是豔陽天，

　　一團和氣花共酒，一對鴛鴦如天仙。

　　一世姻緣。

　　二杯酒，二月風，二仙傳道洞房中。

　　……，二意如故。

　　三杯酒，三星照，三元及第獨佔鰲，

　　……，三戰英豪。

　　四杯酒，四喜財，四方賢人步金階，

　　……，四季發財。

　　五杯酒，五福祥，五子登科把名揚，

　　……，五世同堂。

　　六杯酒，六意全，六經古書聖人傳，

〔註243〕見《邳縣歌謠集成》〈贊英豪〉，頁68。
〔註244〕見《睢寧縣歌謠集成》〈十杯酒2〉，頁38。

　　……，六合同年。

　　七杯酒，七月巧，七七牛郎度鵲橋，

　　……，七友相交。

　　八杯酒，八仙慶，八月桂花香滿瓶，

　　……，八世英明。

　　九杯酒，九世同，九天仙女美芙蓉，

　　，九子成名。

　　十杯酒，起十全，福祿壽喜合家歡，

　　……，十大清宮〔註245〕！

　　丙、「月老配就幾百秋」系列：這一系列的歌謠同樣是以十杯酒的型式進行，不同的是，其中的主題轉以歷朝歷代或是神話傳說中的神仙美眷為主題，最後結尾套入「月老配就幾度（百）秋」、或「月老配就好姻緣」等句，表示新人的姻緣前定，興許早已攜手共度了百世美滿姻緣，如今再來續就幸福人生。如這一首：

　　一杯酒，喜洋洋，好似織女配牛郎，……

　　二杯酒，喜盈盈，好比張生戲鶯鶯，……

　　三杯酒，喜沖沖，猶如湘子度林英，……

　　四杯酒，喜又甜，恰似洞賓戲牡丹，……

　　五杯酒，正五盅，好似宗保穆桂英，……

　　六杯酒，賽蜜漿，月娥大戰小羅章，……

　　七杯酒，醉醺醺，王三公子玉堂春，……

　　八杯酒，心陶醉，秋胡戲妻桑園會，……

　　九杯酒，九女仙，上方仙女下凡間，……

　　十杯酒，倒得流，金童玉女出斗牛，

　　金童玉女成雙對，**月老配就幾百秋**〔註246〕。

　　丁、敬新娘系列：如前所言，有時送房人在敬酒時，會向新人表明自己是沾新郎的光才能來參加喜會，特意介紹自己給新娘認識，同時作為敬新娘酒的一種說辭。如邳縣這首〈俺沾的原是新郎光〉：

　　八仙桌子四方擺，五色果子端上來，

〔註245〕見《徐州市歌謠集成》，頁173～174。

〔註246〕見《邳縣歌謠集成》〈月老配就幾百秋〉，頁69。

> 五色果子鴛鴦配，玉壺提上美酒來。
>
> 斟上一杯西風酒，不敬新郎敬新娘。
>
> 敬得新娘抿嘴笑，花瓶帳帶拿幾雙〔註247〕。
>
> 金絲煙，玉蘭春，五色點心端幾筐。
>
> 五色點心俺也有，不如新娘你的香。
>
> 吃著點心心裡想，俺沾的全是新郎的光〔註248〕！

（12）送燈／送燭　歌

敬新人酒沒有時間長短的限制，有時因為新娘先前太難請，這時候送房人會藉敬酒的機會，讓新娘回不得房休息；也會有的新人被捉弄得累了煩了，想偷溜回洞房休息，卻被送房人早一步拿板凳擋在房門口〔註249〕。不過送房人肚裡的喜話終有用盡的時候，這時就會由贊禮人舉燈／燭送新人回洞房，準備安歇。為新人送燈／燭入房時，也有喜歌可唱：

> 移花燭，入洞房，洞房花燭亮堂堂，
>
> 照得二人增福壽，照得二人如鴛鴦〔註250〕！

（13）撒帳／床歌

新人回到洞房喜床坐定後，送房人還會再為新人進行「撒帳」的儀式。一說此俗是源自於西漢武帝初遇李夫人時，為求多子多孫而使用的儀式〔註251〕；不過今已不可細考，只有前所引用《東京夢華錄》的說法可為佐證。

撒帳歌與迎接新人下轎時所唱的〈迎面麩〉大同小異，不過篇幅遠較之為長。有的撒帳歌的內容，是從下轎一路唱到撒帳，雖名之為「撒帳」，但實則是整個婚儀的所有程序都包括在其中了。多數撒帳歌與撒床歌合而為一，一次撒完就可以讓新人早早休息。

「撒帳／床」是婚俗中相當重要的儀式之一，所以蘇北各地都有數量可觀卻大同小異的撒帳歌與撒床歌。歌謠的內容主要是數量與方位並行，換言之，經過「十撒帳」之後，再接著依東南西北裡外當中為方位口占撒床謠，以博喜兆。茲收錄銅山縣的撒帳歌於下，以供方家參考：

> ……

〔註247〕指新娘高興，願意給見面禮。

〔註248〕見《邳縣歌謠集成》，頁72。

〔註249〕見《海州民俗志》，頁57。

〔註250〕同上。

〔註251〕見姚克明撰〈徐州婚俗〉，頁679～680。

　　一撒榮華富貴，二撒金玉滿堂。

　　三撒山水寶地，四撒事事如意。

　　五撒五子登科，六撒六六團圓。

　　七撒騾馬成群，八撒萬擔餘糧。

　　九撒九連環，十撒十團圓。

　　一對栗，一對元，還剩撒帳三百錢。

　　一把撒到床裡邊，生個兒子做狀元。

　　一把撒到床外邊，生個兒子做武官。

　　一把撒到床西頭，生個兒子做王侯。

　　一把撒到床當央，生個女兒做娘娘。

　　一把撒在房過門，兒子孫子一小群。

（14）晃門鐐歌

　　撒完帳，新人終於可以準備安歇了。此時一干人等全數離開新房，離開之前，為了讓新人安心休息，還會刻意在關上門之後，從外搖晃門上的門鐐，一方面是捉弄新人，讓他們以為有人要闖入打擾自己的洞房花燭夜；一方面也是讓新人知道，門已經關嚴上鎖，就算有人要闖，也闖不進來。從另一個祈福的角度來說，歌中也會祝福新人經過此夜，就能孕育下一代，早生貴子。儀式的進行方式通常是由最後離開新房的人，一邊帶上鎖，一邊唱著〈晃門鐐歌〉：

　　關門了，鐐上門，洞房坐著你二人。

　　關上房門，晃門鐐，一年一個狀元小〔註252〕。

（15）戳窗歌

　　說是要讓新人休息，其實整個婚儀還沒結束。當眾人都退到新房外之後，送房人就要拿起事先從新娘陪嫁中取出的紅漆筷子，從窗外用力朝室內投擲，務必要戳破窗紙，直落床上，一邊戳，還要一邊唱：

　　小小窗戶落四方，八洞神仙向裡望。

　　吉星高照全家喜，富貴榮華百世昌。

　　手拿紅漆筷，站在窗戶外，

　　諸君快閃開，我好來戳筷。

　　戳得快，戳得快，祝你早生貴子來。

〔註252〕見《邳縣歌謠集成》，頁55。

生男的，能文能武；生女的，俊雅可愛。

今日了卻相思債，巫山神女會陽台〔註253〕。

也有唱得更直白的：

手拿紅漆筷，站在窗戶外，

戳破紅櫺紙，來年就見子。

一戳一拖，養兒一窩。

一戳一搗，養兒趕考。

一戳一順，養兒拔貢；

一戳一拉，養兒探花。

戳得快，養得快。

一年一個小元帥〔註254〕。

連雲港的「戳窗」更爽快〔註255〕：

手拿紅漆筷，站在窗戶外，

戳筷，戳筷，養兒作元帥。

也有由未婚男子戳窗的歌謠，歌中對於戳的位置不同也有喜話〔註256〕：

我是童男子，手拿紅筷子。

搗破窗戶紙，看見新娘子。

搗得快，養得快。

養個兒子當元帥

搗得俏，養得俏，

養個兒子坐大勷。

搗過四角搗中央，

養個兒子狀元郎。

　　類似的戳窗歌在各地都可見。舊時窗有窗花、外敷窗紙，在戳完之後大多已是破爛不堪；此時就拿篩子擋上窗戶、再用掃帚抵住，使篩子不會掉落。因為篩子千眼，有擋邪避災的功用，使得鬼邪不敢靠近〔註257〕。不過隨著時

〔註253〕見《新沂縣歌謠集成》，頁46。

〔註254〕見《海州民俗志》，頁59。

〔註255〕見《連雲港市歌謠集成》，頁970。

〔註256〕見《海州童謠》〈搗窗紙〉，頁253。

〔註257〕此說應亦轉自〈桃花女破法鬥周公〉。劇中正當桃花女要出嫁當日，犯了日煞與金神七煞，照理應會登即身死；不過桃花女取花冠戴頭上、又拿篩子遮天，

代的演變，就算使用舊式花窗，也因外敷玻璃而失去戳窗的可行性；戳窗的習俗已日漸失傳。

（16）掃屋歌

新婚剛過，新娘就要展現勤快賢淑的一面。所謂「黎明即起、灑掃庭除」，經過了昨夜的混亂，新房內外必定零亂不堪，所以掃除有其必要性。不過爲了破解不適合在吉日進行掃除的忌諱，蘇北人特意將「掃出」轉化爲「掃入」的意象，象徵著將金銀財寶掃入洞房之中。以邳州〈掃屋歌〉爲例，新人一邊掃，家人或自己一邊唱道：

> 掃來金，掃來銀，
>
> 掃得財寶滿家門，掃得福壽滿家門。

概而言之，蘇北的婚儀歌謠內容，完全貼合中國人對於婚姻大事的期待：一是得到稱心合意的伴侶；二是早生且多生能夠光耀門楣的子嗣；三是夫婦白頭到老，富貴如意。

值得一提的是，第一項「得到稱心合意的伴侶」，多是針對女性而來。換言之，能娶到一位能夠美麗可人、且能帶來富貴如意、更兼溫婉賢德的女性，才是在婚姻大事中最大的幸福。這樣的要求完全無視於幸福婚姻必須由男女雙方共同負責的前提，只單方面要求女性必須配合；這一點可以從歌謠中完全找不到對男性的可以得證。相反的，新嫁娘從上轎的那一刻起，就開始承擔著夫家的重責大任。她必須爲了顧及夫家的臉面、未來的富裕及幸福而不斷地克制、忍耐，接受一項又一項的指令、完成一項又一項的動作；還必需耐煩、耐累、不動怒，以符合一個標準妻子的條件；彷彿如此一來才能保證未來婚姻的幸福與否。

至於婚儀歌謠中對生育能力的要求，也是完全針對女性而來。農業社會中對人手的需求孔急、希望育養大量男丁的願望，固然情有可原；但是不斷地要求生養後代，又讓一位才進入陌生家庭的新嫁娘情何以堪！例如在爲女性上頭時，要唱著「今天上頭入洞房，明年早生狀元郎」；又如請新娘出洞房的歌裡，一開頭就唱道「請新人，出綉閣，早生貴子早登科。」更別是原本是爲了要保護新娘的傳席，到後來演變成「傳代」的重要口彩，……諸如此類的婚儀歌，在在都是針對著生養後代的重責大任，不斷地向女性叮嚀著。

避過此劫。她的理由是，篩子千眼，妖邪無所遁形。蘇北以篩子擋邪，應從此處轉變而來。

　　為了要博得口彩，有些歌謠甚至不惜以挑釁的方式，讓新娘因「生」氣而有「生」機；又或是在眾人退出新房之後，新人仍不得安寧：因為外面的人還會藉由「戳筷」，投擲筷子在床上，以一而再、再而三地提醒著新嫁娘養育後代的重要性。

　　這些固然是蘇北婚儀歌中獨特有趣的一面；卻也彰顯出舊時代裡男女性別歧視的思維模式。今日蘇北地方這類婚儀歌謠所以不再盛行，可能的原因固然與時代變遷造成住居環境改變，以及婚儀日趨西化、簡化有關；但同時在男女平權意識抬頭的風氣下，更顯得多數儀式歌因內容不尊重女性而不合時宜，或許這才是婚儀歌謠日漸被淘汰遺忘的另一個重要原因！

（二）吉慶歌

　　除了婚姻以外，還有許多可被歸之於吉慶大事的項目，如育誕、起造、賀壽等；這些重要的大事在舉行慶典或儀式的同時，多有儀式歌在旁烘襯。歌謠的內容除了祈祝順利如意之外，帶有口彩與訣術成份的也被稱之為「彩歌」；賀喜道好的，則亦被稱為「喜話」。本單元將逐一整理介紹之。

1、育誕歌

　　在婚儀歌中已經指出，蘇北對於婚姻的三大期待中，首重養兒育女。那麼一樣成功孕育下一代，當然也一定有相應的歌謠來照顧、指導育嬰，以祈願下一代平安成長。在蘇北地方的育誕歌謠，主要出現於洗三及百日剃頭時。

　　「洗三」是指嬰兒出生後三天，要由有經驗的婦女幫忙，把嬰兒身上的「胎氣」洗除，因而名之為「洗三」。「洗三」是蘇北地方小兒誕生的禮儀，此俗其來有自，如清代崇彝於其所著的《道咸以來朝野雜記》中就稱：「三日洗兒謂之洗三〔註258〕」。洗三時，由親戚女眷攜禮來賀，謂之「添盆」。洗兒時，浴盆中要放置喜蛋、金銀飾物等，據說有鎮驚、免瘡病等作用。〈洗三歌〉是接生婆為新生兒洗三時的喜話，各地均有流傳〔註259〕。如：

> 黃道吉日來洗三，
> 諸路神靈保平安
> 洗洗蛋，做知縣

〔註258〕見清・崇彝著《道咸以來朝野雜記》，（北京：北京古籍，1982 年 1 月），頁84～85。

〔註259〕各地歌謠中，是以男嬰為洗三歌的對象，女嬰則沒有特別的歌謠。因為舊時代女子長大無非為人妻子一途，所以對女嬰沒有特別的期望。

> 洗洗溝，做知州，
>
> 洗洗頭，做王侯〔註260〕。

又如：

> 擦擦雞，會詠詩；
>
> 擦擦蛋，做知縣，
>
> 擦擦溝，做知州，
>
> 擦擦小腔旁，中個狀元郎〔註261〕。

嬰兒出生滿百日要剃除胎毛，俗稱「剃長命頭」、「剃喜頭」、「剃胎頭」。剃頭時洗頭水中要放入米與茶葉，孩子面前要放置書、蔥、錢、黃曆等物，以取吃喝不愁、知書達禮、聰慧、富有等意。在剃頭時，剃頭師傅邊剃邊唱道〔註262〕：

> 一刀獨佔鰲頭；二刀二龍抱珠；
>
> 三刀三元及第，四刀事事如意。
>
> 五刀五子登科，六刀六六大順，
>
> 七刀七子團圓，八刀八仙過海。
>
> 九刀九子十成，十刀十全十美。

蘇北地方還有一個習俗：在嬰兒出生後，要由姑姑製作肚兜送給姪兒女，以求姪兒女能平安長命。送製肚兜亦有歌謠：

> 姑姑布，姑姑做，
>
> 姑姑縫個肚兜兜。
>
> 左幾針，右幾針，
>
> 拴住小鬼我不見〔註263〕。

2、上梁歌

蘇北地方稱建房為「蓋屋」，並視之為人生中的大事。因為這不僅關係到自己一生的禍福、也咸信會影響到子孫後代的發展，所以蓋屋時具有諸多忌諱與儀式。一般來說，蓋屋有六個關鍵的程序，包括鎮宅、壘牆、上梁、壓房、壓脊及板門。由於時代的變遷，蓋屋的各項程序已日漸被新型態建築工法所取代，不過「上梁」卻始終存在。蘇北地方與屋梁有關的儀式，不只上

〔註260〕見《連雲港市歌謠集成》。
〔註261〕見《海州民俗志》，頁9。
〔註262〕見《海州民俗志》，頁17。
〔註263〕見《海州童謠》，頁38。

梁一項，還有照梁、拜梁、滾梁等程序；不過真正廣為流傳的，目前只有與
上梁相關的歌謠。

屋梁是建造屋頂的基礎，整個梁柱的狀態，關係到房屋的使用壽命及外
形；引伸而言，則關係到主人家庭的運勢與未來福祉，所以不能輕忽怠慢；
連帶所及，上梁的時機及儀式也就格外甚重，也因此有儀式歌謠在旁期祝順
利、並討口彩。茲收錄銅山及連雲港兩地的上梁歌於下：

> 臥好大梁兩頭同，龍頭鳳尾空中行。
>
> 俺問大梁哪裡去，狀元府裡扎老營。
>
> 大梁鳳凰台，祖祖輩輩出人才。
>
> 二梁鳳凰窩，世世代代子孫多〔註264〕。

也有地方在上梁的同時也執行撒喜的動作，將喜果及麵麩撒在梁上，邊撒邊
唱：

> 大梁本是一條龍，搖搖擺擺往前行。
>
> 俺問龍王哪裡去，**本宅安老營。
>
> 一撒榮華富貴，二撒金玉滿堂，
>
> 三撒桃園結義，四撒四季來財。
>
> 五撒五子登科，六撒六六團圓。
>
> 七撒牛羊添千口，八撒萬石餘糧
>
> 九撒九世同居住，十撒十全百世昌〔註265〕。

經過時代與政治環境的變遷，私人家屋的上梁歌內容也從原來的祈願家富人
安，進一步轉為國富黨盛〔註266〕：

> 俺把金斗接過來，俺請魯班來安排。
>
> 上房金雞叫，下房鳳凰啼。
>
> 今年蓋新房，明年住新郎。
>
> 一撒吉星高照，二撒富貴滿堂。
>
> 三撒幸福高壽，四撒四季安康。
>
> 五撒五穀豐登，六撒六畜興旺。
>
> 七撒黨順民心，八撒鐵壁銅牆。
>
> 九撒百業興旺，十撒民富國強。

〔註264〕見《銅山縣歌謠集成》，頁4。
〔註265〕見《銅山縣歌謠集成》，頁5。
〔註266〕出處同上，頁5～6。

連雲港的上梁歌〔註267〕則更具有政治氣息：

> 鞭炮一齊響，感謝共產黨。
>
> 響亮響亮，人財兩旺。
>
> 太公今日從此過，說是今日好上梁。
>
> 上梁就是黃道日，豬有陳糠人有糧。
>
> 蓋上南屋作伙房，蓋上西屋馬棚店。
>
> 蓋上東屋榨油坊，蓋堂屋作主店。
>
> 四面八方都蓋齊，裡邊石灰粉子牆。
>
> 蓋瓦房，新氣象。石根牆，紅磚牆，
>
> 金瓦頁，玉重梁。
>
> 蓋上這頭長命富貴，蓋上這頭金玉滿堂，
>
> 堅如磐石，
>
> 穩如泰山。

也有簡單明瞭的上梁歌〔註268〕：

> 天上金雞叫，地上鳳凰啼。
>
> 今是黃道日，正是上梁時。

3、造船歌

　　對蘇北東部的連雲港地區的多數船家而言，因其捕漁為業，所以造船就成為興家立業的根本。也因此在打造船隻時，不但要慎選黃道吉日，在四大重要的建造過程也有一定的儀式，亦即「鋪置」、「上大肋」、「上金頭」、「冠戴」。其中「鋪置」、「上金頭」、「冠戴」三者有儀式歌，以下將逐一介紹。

　　「鋪置」是指船底合好後，與大桅座結合的動作。由於是全船的基礎、也關係到船基的穩固，所以船家要在師傅釘下「喜釘」的同時，在旁敲鑼打鼓、燒香叩謝天恩。造船師傅在釘喜釘時，會高唱儀式歌：

> 天上金雞叫，地上鳳凰啼。
>
> 今是黃道日，正是鋪置時。
>
> 恭喜板主，生意茂盛、大發財源。

　　船體結構完成之後，要在船頭上裝置一塊橫木，稱為「金頭」。「金頭」的左右要各雕出一個眼睛形狀，稱之為「龍眼」。金頭裝好後要將龍眼以公雞

〔註267〕見《連雲港市歌謠集成》，頁969。

〔註268〕見《海州民俗志》，頁282。

血開光，開光時的儀式歌如下：

日出東方喜連連，魯班找差到船前。

金眼光照財神路，富貴榮華萬萬年。

開光完成後，還要在龍眼兩側各以三敲釘上「元寶釘」，上掛「彩子」（紅布條）以示吉慶。大師傅在釘「元寶釘」時也要高唱彩歌：

左叩三斧財門開，右叩三斧進寶來。

上岸金銀利，下海廣積財。

出門吉星照，滿載順風來。

船隻造好之後，新船下水的當天，要舉行盛大的慶賀儀式：「冠戴」，冠戴時也如同蓋房上梁有撒喜的儀式，稱之爲「拋船錢」。拋船錢時，由船主將銅錢、銅板甚至是銀元摻雜在一起，由木匠抓起往船上拋撒。邊撒邊唱：

一把金錢拋進艙，馬鮫鰳魚盡船裝。

二把金錢拋上梁，金銀財寶動斗量。

三把金錢拋上梢，富貴榮華節節高。

整個拋撒完之後，將新船放置船塢，建造儀式才算告一段落。

4、祝壽歌

人生之喜，還有高壽。蘇北從六十歲開始視爲高壽，每逢十歲都要舉行慶賀之儀，不過由於不做「整壽」，所以家人多會於尾數爲「九」的生日前一天做整壽的慶筵，筵中全家一起吃長壽麵，稱之爲「暖壽」、「攔壽」。

生日當天壽星會接受親友祝賀並獻賀禮。祝壽者在送賀壽禮說喜話；賀者每稱頌一句，必有「道好的〔註269〕」在旁邊叫「好！」。賀壽歌謠內容多樣，茲轉錄其中一二如下：

一步進壽堂，壽堂喜洋洋。

壽山並壽海，福壽滿爐香。

東海東一棵桃，西海西扳著搖。

搖下壽桃來賀壽，壽山福山一般高。

壽山福山高頂天，彭祖送壽到這邊。

彭祖已過八百歲，老人家多過兩百壯一千〔註270〕！

〔註269〕蘇北置辦喜事時，多會指定一人專門在旁道「好」。如婚儀歌的「傳袋」儀式中，每講一句必有人稱「好！」一般；賀壽時也會專門有人在旁對於祝賀者所言喜話道「好」。

〔註270〕見《海州民俗志》，頁158。

又如邳縣由琴書老藝人所唱出精彩的〈八仙賀壽〔註271〕〉：

今日本宅大喜，喜得瑞氣千條。

空中一片祥雲，諸路神仙來到。

有的騎龍跨獸，有的梅鹿仙豪。

年年大喜在今朝，喜得長生不老。

一進寶府喜氣樂，唱一唱八仙慶壽喜歌。

福神貴甚財神喜神都來到，來到堂前唱喜歌。

帶回四個字——，闔家歡樂。

頭洞神仙漢鍾離，五縷長鬚過肚臍。

手拿八卦陰陽扇，仙桃仙果捧上席。

帶來四個字——，吉福如意。

二洞神仙呂純陽，頭戴著九聯道巾身穿黃。

椰樹精背來菩壇禪杖，七寶劍放毫光。

帶來四個字——，金玉滿堂。

三洞神仙曹國舅，身穿紅袍團花繡，

手拿八卦陰陽板，腳踩蓮花站雲頭。

帶來四個字——，掛帥封侯。

四洞神仙藍采和，行走不住笑呵呵，

雙手平消心中樂，來到堂前唱喜歌。

帶來四個字——，五子登科。

五洞神仙鐵拐李，披頭赤腳穿皂衣，

肩背葫蘆昌仙氣，駕鴦禪杖手中提，

帶來四個字——，吉慶有餘。

六洞神仙張果老，倒騎毛驢過仙橋，

海下鬍鬚是銀線，玉鼓銅板不住敲。

帶來四個字——，一品當朝。

七洞神仙何仙姑，一頭青絲不用梳，

荷花罩兒肩上扛，東南一搭海水沸（音浮）。

帶來四個字——，一門五福。

八洞神仙湘子姓韓，手挎著紫竹的小花籃。

〔註271〕見《邳縣歌謠集成》，頁83。

内盛著七星一掛靈芝草，蔽芾、仙枝共牡丹。

帶來四個字——，壽比南山。

八洞神仙都來全，又來了南極子掌權仙。

來個蛤蟆三條腿，跟著劉海撒金錢。

金錢撒在貴府內，富貴榮華萬萬年。

富貴榮華萬萬年。

此歌文采斑斕、精緻喜樂，將八仙傳說與慶壽結合，堪稱爲蘇北祝壽歌的經典代表。

5、店舖開張歌

店舖開張也是人生一喜，開張時邊撒喜邊唱，以博口彩之用，其歌詞如下：

鞭炮一響把張開，增福財神兩邊排。

招財童子中間坐，進寶郎君請下來。

一撒金，二撒銀，

三撒騾馬成了群，四撒搖錢樹，

五撒聚寶盆，五子登科六六順！

（三）節慶歌

對中國人而言，一年中最重要的日子莫過於「年」。蘇北民俗，每年進入「臘月」（農曆十二月）之後，家中凡事以和爲貴，不興打罵孩子與僕傭，尤其吃過臘八粥之後，經濟條件較好的家庭就開始陸續置辦年貨，不過再怎麼忙碌，總是買不全忙不完，所以蘇北有俗諺勸人：「沒有忙不完的年，也沒有過不去的年」。

在四季分明的蘇北地區，「過年」是指從臘月二十三日以祭灶爲始、一路熱鬧到年三十；至初一時達到高潮；最後以正月十五元宵爲止的期間。這段期間，喜歌、彩歌的內容主要以送灶、過年、元宵三大主要節慶爲主。爲了提醒及教導民眾送灶開始一連串的過年進程，連雲港地區甚至出現類似口訣的〈過年謠〉〔註272〕：

二十三，送灶官；

二十四，掃房子；

〔註272〕見《海州童謠》，頁254。

二十五，點豆腐；

二十六，割塊肉；

二十七，殺公雞；

二十八，宰隻鴨；

二十九，打壺酒；

三十晚，打燈盞；

初一早上撅屁股。

本單元將從臘月二十三日的送灶為始，介紹一系列直到元宵節、乃至於二月初二的相關儀式歌謠。

1、送灶歌

「送灶」是中國民間大事，蘇北地方亦然。

蘇北「過年」的第一個重頭戲就是「送灶」，也就是送灶君回天上述職。灶君的傳說在中國各地各有不同，但整體而言或可分為三類分別為「張郎型」、「打灶型」及「送灶型」〔註273〕。蘇北地方所流傳的灶君故事，這三種類型都包含在其中〔註274〕。

且不論民間故事中，「送灶」的類型與原因；民間到了農曆臘月二十三日前後，家家戶戶都會送灶君上天。據劉兆元先生的考察，祭灶時間因祭灶家庭的身份不同而有異：「君三、民四、王八二十五」，所謂「君」是指官宦之後，這類人家於臘月二十三日祭灶；黎民百姓則於臘月二十四日祭灶；至於特種行業的妓女行戶在臘月二十五日祭灶。此外，連雲港市贛榆縣城西的張陳庄，因祖輩犯事被罰至遠地充軍，為如期服法，所以提前在臘月二十二日祭灶。這是祭灶時間異同的原因〔註275〕。

為求灶神能夠「上天言好事，下界保平安」，所以蘇北民間祭灶時多會備

〔註273〕參見劉錫誠選編《灶王爺傳說》，《中國民俗文化叢書》，（北京：中國社會出版社，2006年9月），頁217。所謂「張郎型」是富家子休妻後敗家，乞討過程中再遇前妻，因羞愧而跳入灶中自殺成為灶神。「打灶型」則是以貪嘴好吃的人，因多嘴胡言使民間受到磨難或天譴而遭到厭惡，被打死後被封為灶神，以成全其貪吃的性格。「送灶型」中的灶神則是盡職的神明，每年臘月二十三日上天匯報各家一整年的行止，為求灶神上天美言以招徠來年富足，所以民間準備甜食送灶。

〔註274〕如連雲港地方可見「打灶」的灶神故事；睢寧與邳州的民間故事是屬於「送灶」型；沛縣則是「張郎」型。參見白庚勝主編《中國民間故事全書，江蘇徐州市分卷》系列，（北京：知識產權出版社，2007年5月）。

〔註275〕參見《海州民俗志》〈灶君〉條，頁106。

上香燭紙馬等供品，如果能力許可，還會準備內包有紅糖或青荣的「祭灶餅」，由家中男主人負責祭灶〔註276〕；到了初一的五更天，趁著開門前，再接灶王回凡間過年。對於祭灶的儀式及擺設，連雲港地區的〈楮鍋謠〉亦可略述一二：

> 豬頭鯉魚一爐香，
> 灶爹灶奶坐中央，
> 灶中天天調五味，
> 好事多多報玉皇。

至於祭灶時禱告的歌謠各地大同小異，茲以連雲港地區爲例：

> 今天臘月二十四，
> 送灶老爺上西天。
> 好話多說，壞話少說，
> 五穀雜糧多帶，
> 一年四季保平安〔註277〕。

不過也不是每家每戶都有能力治筵送灶。徐州就流傳一首極特別的「窮人送灶歌〔註278〕」：

> 灶老爺，灶老娘，
> 今晚辭灶沒有糖。
> 小孩他爹沒在家，
> 磕個響頭免了吧！

在這首歌被視爲是最能代表北方人民直率性格的代表歌謠〔註279〕，傳達出蘇北百姓因時制宜的應變能力、以及眞誠務實的性格。另一方面，出面祭灶的婦女，在歌中也未嘗不存在著對灶君未能帶來今年富足的怨懟之意；所以功過相抵之下，「磕個響頭」權充爲表達敬意的方式。

也有民家爲祈求來年多育子嗣，男主人會在祭灶歌之後再祝禱：

> 臘月二十三，
> 灶老爺上天關。

〔註276〕蘇北民俗：「男不拜月，女不祭灶」。因爲傳說男女有別，男子拜月會讓嫦娥羞見；灶王愧對前妻，女子祭灶會使灶爺狼狽。
〔註277〕見《海州民俗志》，頁106。
〔註278〕見《徐州市歌謠集成》，頁117。
〔註279〕見《中國歌謠集成・江蘇卷》〈前言〉，頁10。

上天言好事，

下界保平安。

多帶糧，

少帶草，

多帶兩個光腚小〔註280〕。

由於蘇北孩童幼時多穿著開襠褲（尤其以男孩為主），所以「光腚小」指的就是男丁。至於「多帶糧、少帶草」，是指田中五穀豐收、雜草少生。整首歌謠簡單明瞭地直述請求灶神協助成全的願望，無非只是豐收與子嗣〔註281〕。

祭灶之後，由男主人以祭灶糖貼在灶門前，象徵封住灶君的嘴，使其上天只言美事。封灶之後，民家會將祭灶的餅、糖及糕果供品會同三杯清茶，一起潑上房頂，象徵送灶君上天了；其後全家人就著灶前將糕果供物分享食用完畢，完成祭灶的儀式。

2、新年歌

一如前言，對中國人來說，新年象徵著一切從頭開始，是新希望與新人生的起點。對於這樣重要的時刻，在百姓生活中，自然會要求事事都能帶來好的兆頭。以蘇北地區而言，新年的彩歌無疑是增加吉慶效果的重要推手，打從初一五更天迎回灶神之後，最好早早在彩歌伴聲中打開大門。原因無他，只因正月初一是迎財神的日子，也因此衍生出一連串與財神有關的儀式及歌謠。以下就從正月初一接財神開始的歌謠逐一介紹：

（1）接財神歌

〈財神謠〔註282〕〉中清楚說明初一清晨得要早早開門的原故：

財神爺，從南來，

金銀財寶揣滿懷。

驢馱金，馬馱銀，

騾子還馱聚寶盆。

誰家開門早，

就往誰家跑。

〔註280〕見《海州童謠》，頁252。

〔註281〕東海縣的〈送灶歌〉與此大同小異，歌詞如下：「今天是臘月二十三，送灶老爺上天關。上天言好事，下界保平安。多帶糧，少帶草，多多帶兩個精腚小子。」

〔註282〕見《海州童謠》，頁256。

類似的歌謠還有：

> 大年初一把門開，金銀財寶奔家來；
>
> 驢馱寶，馬馱銀，牛犢子馱個聚寶盆〔註283〕。

徐州的彩歌則是以麒麟伴接財神〔註284〕：

> 大年初一開財門，門裡門外有財神。
>
> 門外有棵搖錢樹，門裡又有聚寶盆。
>
> 聚寶盆裡臥麒麟，一對麒麟送財神。
>
> 生意好，買賣強，哪年不打萬石糧。
>
> 萬石糧裡牡丹花，榮華富貴第一家。

　　由此可知，初一早早開門，必能迎來財神，預示著來年大發。一般而言，為了迎接財神，蘇北家庭在開門的同時，都會準備好大串的鞭炮，一開門就放炮仗迎財神，越響越好、越長越好。所以家家戶戶競放長炮仗的結果，無形中變成一種競賽，各家默默較量著誰家放的炮長，形成一早熱鬧有趣的場面。

（2）貼財神歌

　　蘇北地方初一清早迎接財神有一定的儀式：首先在年前要準備好新的「財神馬子」（或稱財神帖子），也就是印在五張紅紙上的福、祿、壽、喜、財五路財神；同時也要準備好用樺樹皮紮成名為「財神把」（俗稱「花皮」）的樹皮束。初一一早一開大門，就立即開始「接財神」的儀式。

　　首先點燃財神把，並用以烤手，稱之為「花皮燎燎手，銀錢動芭斗」。接著再用財神把將家中各處一一照過，再把去年貼在家中的財神馬子揭下，連同未燃盡的財神把，一起依曆書所言財神當日所在方位走出門外一起燒掉，然後頭也不回地進門。

　　進門之後，將新的財神馬子貼上。如果家中經濟條件不佳，至少也要在紅紙上書「財神」兩字，一樣貼在牆上或是正屋的第二條桁條上。以上這些儀式，執行者不可出聲，以成就「悶聲大發財」之說；但是旁人可在貼財神時唱歌訣〔註285〕：

> 財神貼得高，又蒸饅頭又蒸糕。

〔註283〕見《海州童謠》，頁255。

〔註284〕見《徐州市歌謠集成》〈過年吉利歌〉，頁116。

〔註285〕見《海州童謠》，頁258。

　　　　財神貼得低，開年好福氣。

　　　　財神不高又不低，黃金鋪滿地。

也有以「道好」的形式相贊貼財神的儀式〔註286〕：

　　　　財神進門來。好！

　　　　又有喜來又有財，好！

　　　　財神家中坐，好！

　　　　銀錢兩大摞。好！

　　　　財神家中望，好！

　　　　哪年不打萬石糧！好！

（3）散財神歌

　　過年期間家家戶戶閉門歇息，如此一來，對於原本經濟環境不佳的窮苦百姓而言無疑暫斷生計。不過蘇北地方的窮人另有新年期間謀財的方式，也就是所謂的「散財神」及「玩麒麟」。一般而言，「散財神」由婦女及小孩進行；中老年人則「玩麒麟」以求財。

　　先說「散財神」。從初一天剛亮到太陽下山之間，都是「散財神」的時機。窮人們拿著上書「財神」或印有財神圖樣的紅紙，挨家走戶的到各家門前，大喊「財神到」、「接財神」、或是「財神安坐了」等語；同時將紅紙一張遞給從門內出來接財神的人家。此時接財神者或準備銀錢、或準備糕餅遞給散財神者，稱之為給「財神錢」或「財神糕」。如果給得太少，散財神者還可以拒絕接受，拿起財神就走。

　　也有散財神者用歌謠取代喊話，如睢寧縣的〈新年賀喜歌〔註287〕〉就是一例：

　　　　財神進門來，又有喜來又有財。

　　　　財神家裡坐，斗大元寶滾進來。

　　　　滾進不滾出，滾進三間大堂屋。

　　　　老板發財咱沾光，老板吃肉咱喝湯。

　　　　說得好，道得好，一對饅頭跑不了。

這首歌雖然名之為〈新年賀喜歌〉，不過以歌末請求接財神的人家打賞饅頭便可知是「散財神」歌。

〔註286〕見《新沂縣歌謠集成》〈新春貼財神帖子歌〉，頁63。
〔註287〕見《睢寧縣歌謠集成》，頁44。

　　另一方面，這首歌謠只能在蘇北的非漁業地區傳唱。因為對連雲港地區靠海打漁的船家來說，「老板」音近「撈板」，唯有因風浪被打沉的船才會讓船家「撈板」求生，所以在漁業地區不能稱人家主為「老板」。

（4）玩麒麟歌

　　蘇北新年期間五名男子一班，組成「玩麒麟」的團體。其中一人手執用彩紙貼紮的麒麟，兩人打鈸，一人敲鑼、一人討錢。從正月初一到十五，這樣的班子可以四處挨門串戶，到人家門錢唱著麒麟調討錢。麒麟調又稱「四句一轉頭」，意思是前三句由領頭的人獨唱，到第四句則五人一齊合唱兩次。歌詞的內容則視領唱人應變能力決定，如：

> 鑼鼓一打響噹噹，麒麟來到貴門上。
>
> 麒麟不停無寶地，（合）站誰門上誰吉祥。
>
> （合）站誰門上誰吉祥。
>
> 麒麟送子到門上，今年就生狀元郎。
>
> 三元及第你家子，（合）富貴榮華萬年長。
>
> （合）富貴榮華萬年長。

（5）道喜說好歌

　　玩麒麟要由五人組成，有時未免難以捉對成班，於是也有兩兩成隊的道喜組合。一人專門說喜話；另一人專司道「好」。如這首〈說喜道好歌〉〔註288〕：

> 甲：新年新節大發財。乙：好！
>
> 甲：前門進金子。乙：好！
>
> 甲：後門進銀子。乙：好！
>
> 甲：馬馱金。乙：好！
>
> 甲：驢馱銀。乙：好！
>
> 甲：騾子馱來聚寶盆。乙：好！
>
> 甲：聚寶盆搖錢樹。乙：好！
>
> 甲：鳳凰一點頭，乙：好！
>
> 甲：先蓋瓦屋後蓋樓。乙：好！
>
> 甲：東樓西樓都蓋上，乙：好！
>
> 甲：蓋上南樓遮太陽。乙：好！
>
> 甲：這個門樓蓋得好，

〔註288〕見《徐州市歌謠集成》，頁115。

　　乙：這個饃饃跑不了。

　　甲：這個門樓蓋得得，

　　乙：這個饃饃不用掰。

　　合：說得好，道得得。東家送來一大堆！

　　蘇北地方無論平日多慳吝的人家，到了新年期間，對於窮人送財神、散財神、說喜道好、玩麒麟等活動的賞錢絕對不能少。甚至一年到頭不捨得捨錢的人家，到了大年間也會期待著以上幾種送財神的人到門上；甚至人還在家中不動，就有人送上門來，符合「不動身財神就到門上」的吉兆。這樣的習俗，固然是博取新年好彩頭的吉兆；但是深究起來，也未嘗不是蘇北人俠義心腸、人己同歡性格使然的另一種展現。

3、元宵歌

　　元宵又稱燈節。點燈的原因眾說紛紜，不過在蘇北地方最常見的說法是「點燈以避天火〔註289〕」。到了這一天，除了賞燈的歌謠以外（詳見本文第陸章第一節：「雜歌」），還有一些祈福的儀式歌。其一是為祈求孩子增高的〈打椿樹歌〉；另一首則是〈放刷把子歌〉。茲介紹如下。

（1）打椿樹歌

　　正月十五那一天，如果家中有個子矮小的孩童，家長可選定一棵椿樹，帶著孩子邊打椿樹邊唱：

　　　　椿樹王，椿樹王，

　　　　你長粗，我長長。

　　　　你長粗，作嫁妝，

　　　　我長長，穿衣裳〔註290〕。

（2）放刷把子歌

　　正月十五賞燈當晚，一般人家可將已破舊的飯桶刷子點火送回天上。把點上火的刷把子往天上拋擲的同時，大聲唱道：

　　　　刷把子，琉璃燈。

〔註289〕傳說玉帝為懲罰人間，決定降下天火。為人間擔憂的神仙（一說是灶君、也有說是關雲長或孫悟空），偷偷下凡來通風報信，要人們在正月十五那一天點上所有的燈，點得越亮越好，最好看起來是一片火海，讓玉帝誤以為天火已降，自然可以躲過一劫。參見《中國民間故事全書，江蘇徐州市分卷》系列，（北京：知識產權出版社，2007年5月）。

〔註290〕見《徐州市歌謠集成》，頁118。

　　一棵秫秫打半升。

　　刷把子，琉璃蛋。

　　一棵秫秫打半石。

歌中藉由點燃刷把子的無數星火，象徵迎來更多財糧，是祈富求豐收的儀式
之一。

4、二月初二歌

（1）圍囤歌

　　蘇北俗諺，「二月二，龍抬頭」。據《徐州民俗》所言，二月初二是青龍
抬頭的日子，這一天如果能夠取得吉兆，象徵一整年都將五穀豐登〔註291〕。

　　在這一天，農村裡家家戶戶趁著天不亮，從各自的院裡開始在地上畫上
糧倉囤糧。每一個糧倉地裡，埋入十數顆不同的五穀種子、再堆土成小丘，
象徵著糧倉裡有糧。之後再用廚下的鍋灰（青龍）圍倉囤，稱之爲「圍囤」。
把所圍的大小、數量不等的倉囤用鍋灰撒成的線連在一起，直通屋門內。此
舉象徵穀倉滿溢，豐收有餘。圍囤時口唱彩歌〔註292〕：

　　二月二，打梁頭，

　　大囤滿來小囤流。

　　二月二，打屋山，

　　大囤滿，小囤尖。

　　二月二，打門墩兒，

　　金子銀子一堆堆兒。

　　二月二，洗洗頭，

　　打得糧食滿院流。

　　二月二，洗洗腳，

　　打得糧食沒落擱。

二、喪儀歌謠

　　蘇北喪儀程序綿密，從亡者即將離世起、直到過世滿三年後，種種細節
無不仔細涵括其中。但是在整個喪儀過程的治喪要項中，佐以儀式歌者寥寥
無幾。另一方面，爲數不多的喪儀歌中，訣術成份更勝於傳達生者哀思之情

〔註291〕見《徐州民俗》，頁85～86。

〔註292〕見《海州童謠》〈二月二〉，頁257。

的特質，也成爲蘇北民俗深受楚巫崇巫好祀特色影響的佐證之一。

　　蘇北喪事歌，多由「老執」（或稱「執事」，也就是在治喪過程中相贊治禮者，此人必爲地方上對治喪有經驗者，能在整個過程中幫助喪家打理一應大小事務）所唱。唱時帶有一定的科儀，以下將以歌謠爲主，依喪儀先後順序，逐一介紹在蘇北地區出現的喪儀歌。

（一）扇子歌

　　蘇北習俗，如果時間允許，會在亡者斷氣前爲之著「送老衣」。因爲相傳亡者斷氣時若未著畢送老衣，則等同赤身露體往生。蘇北民間不興說「死」，是以如爲年長老人故去，多稱爲「老了」，亦稱爲「去世」、「辭世」、「仙遊」、「嚥氣」。所以稱壽衣爲「送老衣」。

　　亡者如於盛夏時節嚥氣，則入殮時會由老執持一把扇子，邊將扇子打開，邊唱〈扇子歌〉〔註293〕：

> 檀香寶扇拿手中，
> 陰曹地府走一程。
> 前一扇搧開鬼門關，
> 後一扇搧絕六親情。
> 左一扇搧得眾鬼怕，
> 右一扇搧得惡狗驚。
> 下一扇搧得閻王喜，
> 上一扇搧得天堂行。
> 四面八方都搧到，
> 搧得來生萬世榮。

唱畢再將扇子闔起，置於亡者袖筒之中。此扇一方面讓亡者隨身攜帶，以避暑搧涼；另一方面則作爲隨身物件，可以搧除搧斷不必要的困擾。

　　據當年採錄者張世龍先生言，此俗爲早期後人擔憂亡者受熱而想出的貼心之舉，今多不見。所謂「事死如事生」，當作此解。

（二）開光歌

　　亡者嚥氣後，家人開始爲之打理後事。一方面開始燒「鋪堂紙」以爲亡者隨身攜帶的路資；一方面則開始找人搭設靈棚準備立牌位祭祀。於此同時，

〔註293〕見《銅山縣歌謠集成》，頁77。

還需派人爲亡者準備紙紮，其中一定要備上的是亡者的乘輿。如亡者爲男性，則要備有「斷氣驢」爲之騎乘；如亡者爲女性，則爲之準備「亡命車」供其乘坐，使亡者在陰間不致受漫漫長路之苦。

　　無論所備紙紮是車或是驢，都要另備一車夫或趕腳（趕驢人）。此外如經濟狀況許可，出嫁的女兒多會另備各類紙紮以供亡者使喚：如亡者爲男性，則會準備書童、馬童各一人、俊馬一匹、小轎一頂以及轎夫四人；如亡者爲女性，則除了僕役丫環之外，必會準備紙牛一頭、牽牛童子一名，以及花轎、轎夫等物。據蘇北傳說，女性生前因取盡淨水洗身，所以死後要過「汙水池」；除非飲盡污水，否則不能轉世投胎。所以出嫁女兒會爲母親準備紙牛一頭，用以喝盡髒水。因此紙牛一定紮得腹大口闊，以便於快快飲盡污水〔註294〕。

　　這些紙紮都必須經由老執行「開光」儀式，才能如同活物，能走能動、能想能算，也才能在陰間爲亡者服務。開光的方式是由老執一手抱著活公雞、一手用針戳雞冠，以雞冠血戳沾紙紮的各部位，這就是開光，頗類常見的神像開光或是「點睛」儀式。是以老執在開光時會唱「開光歌」。邳縣的〈開光歌〉歌訣如下〔註295〕：

> 手拿鋼針尖又尖，拿在凡人我手間。
> 開開頂光照四面，吉星高照亮八方。
> 開開眼光亮堂堂，東西南北不迷向。
> 開開耳光分陰陽，陽間陰間不一樣。
> 開開鼻光聞信香，燈火香燭火正旺。
> 開開嘴光吃食長，酸甜苦辣細品嚐。
> 開開膀光穿衣裳，熱涼冷暖記心上。
> 開開手光平脈長，手來手去不鬆放。
> 開開心光明又亮，遇事三思不著慌。
> 開開肚光無阻擋，酒足飯飽灌胃腸。
> 開開腿光腳步長，日行千里不愁慌。
> 開開足光足無妨，穿上鞋襪遊四方。

〔註294〕邳縣的剪紙歌中，也有一段唱到在十月鬼節要剪老牛，以喝盡奈河髒污水的歌詞。其歌如下：「十月裡，是鬼節，剪條老牛把水喝。喝盡奈河髒汙水，陰間祖老都快活。」見《邳縣歌謠集成》〈十二月剪紙歌〉，頁5。
〔註295〕見《邳縣歌謠集成》，頁79。

從頭到腳都開過，送他今世上天堂。

銅山縣的〈開光歌〉則是為紙紮的童僕差役開光，並交代僕傭們要盡心服侍主人：

小雞小雞你聽著：你娘抱你二十一。

抱你不是白抱的，今天請你來開光。

開光開到額頭上，開得腦筋亮堂堂。

開光開到眼睛上，開得眼睛最明亮。

開光開到耳朵上，開得耳朵聽八方。

……

開光開到膝蓋上，開得過河把水淌。

開光開到兩腳上，山高路遠走穩當。

據張世龍先生所唱，〈開光歌〉皆是以「大鍋缸調」唱出，唱時大執手抱公雞，用鋼針戳雞冠上的鮮血、再戳點到紙紮的五官四肢以及頭上。開到哪兒唱到哪兒。重覆吟唱，直到將所有紙紮及紙紮的每一部份開完光為止。茲轉錄「大鍋缸調」簡譜於下：

4)‖: 5 5 3 5 6 · 6 3 5 | 3 · 2 1 6 2 · 5 3 2 1 6 2 |

小雞小雞你聽　　　著（過門）
　　抱你不是白抱　　的（過門）
（我）開光開到額頭　　上（過門）

2 · 3 5 5 2 · 3 5 5 3 · 2 1 6 2 |

（過門）
（過門）
（過門）

3 3 3 3 6 · 1 2 3 1 | 2 · 1 6 1 5 · 1 2 · 1 6 1 5 |

你娘抱你二十　　　一（過門）
今天請你來開　　　光（過門）
開得腦袋亮堂　　　堂（過門）

5 · 6 1 1 5 · 6 1 1 2 · 1 6 1 5 :‖

（過門）
（過門）
（過門）

（三）獻供歌

亡者嚥氣後，家人會請人在門外搭設靈棚。等到靈棚、牌位等物設置好，便會「上供」。供品內容視喪家經濟環境而定；也有供品由各方親戚獻來。不過最基本的五大供是絕不可少的。上供時大執口唱〈上供歌〉，以邳縣歌訣爲例：

> 一獻黃香七寸長，明燈蠟燭在兩旁。
> 二獻饅頭雪花亮，若是餓了免飢慌。
> 三獻菜兒樣樣有，酸甜淡鹹只管嘗。
> 四獻果子樣樣強，帶在身上做乾糧。
> 五獻酒盅和碗筷，家什便利有用場。
> 大供五樣都獻過，八方仙人聽端詳。
> 吃三杯，划三拳，永保供人無災禍。
> 百事如意福長壽，年年歲歲永安康。

可知五大供指的是黃燭、饅頭、菜餚、果品、以及美酒及食器。

（四）金井破土歌

亡者往生後，還有一件必須趁早準備的程序，就是爲亡者尋找葬地。不論亡者是否要葬在「老林」（蘇北俗稱祖墳區爲「老林」）中，都要請風水先生看地理、選良辰吉時動土打金井（蘇北俗稱墓坑爲「金井」）。金井破土時，要由地理師口誦〈金井破土歌[註296]〉：

> 金鍫一舉，震滿山崗。鬼魅凶神，遠去他方。
> 吉神引路，邪惡滌蕩。
> 金鍫再舉，啓壙安祥。子孫後代，富貴永昌。

（五）請亡靈歌（起程）

蘇北俗諺：「早喪晚殯」，意指若在早上開弔，則下午就可以出殯下葬了。但是也有喪家顧及擇日因素，在開弔後第二天早晨才出殯下葬。無論是哪一種，都必須在夜間夾入「起程」的儀式。大體而言，開弔、起程與出殯三者之間的順序有以下兩種組合：（1）「早喪晚殯」者：起程→開弔→出殯；（2）隔日出殯者：開弔→起程→出殯。

「起程」的儀式之所以不可少，是因爲此舉用意在提醒亡者，是往陰間

〔註296〕見《海州民俗志》，頁89～90。

上路的時候了；所以「起程」又稱之為「送盤程」、「送程」，意為為亡魂踐行
之意。同時也祭請地方土地公，恩准亡者登轎起程。

　　起程當夜，亡者全家要準備三頂紙轎，一大兩小，大轎在前、小轎在後，
以便讓亡者乘大轎、陰差坐小轎。送程時，由出嫁的女兒視經濟情況購置照
路燈引路，從家門口一路送亡魂到當地土地廟前。同時由所有男眷手持哭喪
棒領路送行。一路上鼓吹、樂班全部出動，到達土地廟後，經過一定儀式再
一路送到終點。

　　來到土地廟前，如未延請僧人為亡者念經懺，則由大執一路唱出〈請亡
靈〉歌，陪伴亡靈出門起程。其歌訣主要程序要先請土地公放行，准許魂轎
從土地轄區過；也將紙錢化予陰差，請他們一路上善待亡靈；其後以五更調
唱出亡者生前最後的時刻，並提醒亡靈要記得善用手中金銀，不要吃苦受罪。
其歌訣如下〔註297〕：

　　　　（白）：

　　　　孝子廟門跪，兩眼雙流淚。

　　　　叫你父父不應，黃金入了櫃。

　　　　（唱）：

　　　　土地廟子四格方，土地老爺坐中央。

　　　　二位官差兩邊站，叫聲老爺你是聽。

　　　　金銀黃錢交給你，亡靈落在他廟中。

　　　　二位門差你是聽，金銀黃錢交給你，

　　　　送出亡靈好啓程。

　　　　（白）：

　　　　上房日月，下房小雪，

　　　　閻王刷票，不怕你會說。

　　　　（唱）：

　　　　上房金雞把翅搖，吃齋唸佛好功勞。

　　　　家有銀錢數百斗，難買生死路一條。

　　　　一更夜盼黑影影，逮到亡靈不放鬆。

　　　　逮到一馬鎖三柱，跑了一馬亂轟轟。

　　　　二更夜盼苦難挨，叫聲兒女上前來。

〔註297〕見《新沂縣歌謠集成》，頁61。

有話囑咐三兩句，病重臨危口難開。

三更夜盼半夜中，叫聲兒女甭放聲。

你放悲聲不大緊，新死亡靈受苦刑。

四更夜盼半夜啼，恩愛夫妻分了離。

頭魂一去無隔岸，撇下身體化灘泥。

五更夜盼天大明，新死亡靈要起程。

叫聲莊頭你是聽，亡靈落在你手中。

金銀黃錢交給你，送出亡靈好起程。

家前屋後黃花開，黃花都是亡靈栽。

黃花一年開一遍，亡靈一去不回來。

亡靈出廟把頭抬，親戚朋友兩邊排。

亡靈出廟把頭低，一腳高來一腳低。

一腳高來陽間路，一腳低踩地獄門。

叫聲亡靈你是聽，金銀黃錢交給你，

新死亡靈要起程。一程行到安陽縣，

城隍廟上且等等。

（六）腰玉號子

出殯當日，當一切祭儀結束、也已封棺完成時，就要由扛棺的壯丁將棺木抬起、帶往金井。抬棺時，先以麻繩從下方繞過棺木，此舉稱之爲「腰玉」。其中「玉」是指麻繩，「腰玉」中的「腰」作動詞，即是將繩纏綁住的意思。「腰玉」就是把麻繩繞過棺木，再抓緊之後，準備抬起來放在便於抬棺的架子上。

當要啓棺時，由老執牽起繩頭，向左右人等喊道：「閃開啦閃開啦，腰玉了腰玉了！」以通知眾人讓位。然後老執對著抬槓的壯定們開始唱起〈腰玉號子〔註298〕〉：

掘它金磚地，

樓門雙扇開。

竹簾高卷上，

玉帶捧起來。

伙計們，拉——緊——腰——玉——

〔註298〕歌謠由張世龍先生採集，見《銅山歌謠集成》，頁79。

當老執喊道：「拉——緊——腰——玉——」時，槓班們就會立刻出力，拉緊繩子抬起棺木，往金井啓程。此歌稱之爲〈腰玉號子〉。

（七）發喪燒紙祭野鬼歌

出殯當天，孝子每隔一段路程，就要跪到棺木前叩謝槓班爲親長抬棺。如不爲之，槓班大可放下棺木拒絕抬棺，讓孝子自己想辦法背親長下地〔註299〕。

除了要叩謝槓班協助之外，孝眷人等還要沿路拋撒及燒紙錢，以打發野鬼，使之不致驚擾亡靈。向野鬼燒撒紙錢時，口中唱此歌訣〔註300〕：

> 南來的，北往的，該你的，少你的。
> 快點拿，快點走，大錢三百，小錢一千。
> 想的錢，爲的錢，遠走一點，遠離一點。
> 勻著使，勻著花，識足意，少來犯惡。

是爲〈發喪燒紙祭野鬼歌〉。

（八）棺下田歌

金櫃來到金井處，在下地之前，要由老執舉行掃金井的儀式，邊掃邊唱〈棺下田歌〉。

所謂掃金井，是指老執跳入壙坑中，一手持小掃帚，一手抱斗，從東西南北前後六方，各掃下一點壙旁土入斗中，讓孝子帶回家中供養至百日。掃金井時，老執所唱的〈棺下田歌〔註301〕〉如下：

> 左掃掃得一盆金，
> 右掃掃得一盆銀，
> 前掃掃來榮華富貴，
> 後掃掃來兒孫滿門。
> 中間掃只聚寶盆，
> 聚寶盆裡聚財寶。
> 兒孫萬代不受窮。
> 聚寶盆裡聚花翎，
> 兒孫萬代做王臣。
> 四面八方都掃到，

〔註299〕見《徐州民俗》，頁49。
〔註300〕見《中國歌謠集成·江蘇卷》，頁169。
〔註301〕見〈2010徐州歌謠採錄分鏡表〉，頁18。

　　　福祿壽喜聚一門。

掃完之後，老執大喊：「孝子孝孫注意！接斗囉！」說著就將懷中裝有壙土的
斗往壙外扳。此時孝子孝孫〔註302〕要搶上前去抱住丟出來的斗，如果沒有接
住則爲大不吉。

（九）破七歌

　　〈破七歌〉用於作七之時。「作七」亦稱「齋七」、「理七」、「七七」，爲
亡者往生後極重要的儀式。相傳於南北朝時因佛教盛行，作七已成爲民間風
俗。據〈北史・外戚傳〉記載，胡國珍爲北周孝明帝宇文毓的外祖父，晚年
崇信佛法，死後孝明帝「自（胡國珍）始薨至七七，皆爲設千僧齋，齋令七
人出家，百日設萬人齋，二七人出家〔註303〕」。又，其後〈北齊書・孫靈暉傳〉
中亦有關於作七的記載：孫靈暉爲北齊南陽王高綽之師，高綽因事受誅後，
孫靈暉每七日爲之作七〔註304〕。孫靈暉曾治北徐州（今山東臨沂縣一帶），與
蘇北地區比鄰，因之蘇北作七之俗由來已久，或可由此觀之。

　　據李子秋先生於〈徐州喪俗〉一文中指出「作七」的原因有兩說：一爲
佛教認爲，人死後靈識稱之爲中陰身；中陰身每七日一變化，共變化七次；
至七七期滿之內，中陰身隨時都有可能投生六道之中。所以陽世眷屬每隔七
日爲之作經懺法會，使亡靈不致因迷惘失措而輪迴至下三道（畜生、餓鬼、
地獄）中。另一說則指出，嬰兒自受胎於母體始，七日爲「一臘」；歷一臘而
一魄成；滿七七後則七魄足。人死後每七日爲一忌，一忌而一魄散，七七之
後，七魄盡散，是以爲之作七，每魄散時，皆有佛法相伴，使之不致驚惶無
依〔註305〕。

　　此外，據道教說法，亡者死後前往陰間遍歷十殿閻王，一一檢視生時在
世間所作善惡事端，每七日轉一殿，七七期滿，將至閻羅天子大殿處總合在
世時報應等事，功過相抵後決定輪迴等級。如有陽世家眷每七日爲亡者「作

〔註302〕據張世龍先生說明，接斗原應爲孝子之事：只是早期農業社會，由於早婚之
　　　　故，所以當家中老人故去時，孝子年齡也已不小，恐怕手腳不靈活，接不住
　　　　斗。所以老執會同時提醒孝孫，注意幫助父親接住拋上來的斗。
〔註303〕見〈北史・卷八十，列傳六十八：外戚〉。http://www.sidneyluo.net/a/a15/080.htm
〔註304〕見〈北齊書・卷四十四，列傳三十六：儒林〉：「從綽死後，每至七日及百日
　　　　終，靈暉恆爲綽請僧設齋，轉經行道。」http://www.sidneyluo.net/a/a11/044.htm
〔註305〕見〈徐州喪俗〉，收於孟慶華主編《徐州文史資料彙粹》，（江蘇：江蘇文史資
　　　　料編輯部，2000年12月），頁712。

七」，將爲亡者轉增善緣，助其懺罪悔過，不致於七七期滿後仍因罪愆未除，被羈留於地獄受刑贖罪。

　　是以在蘇北民俗中，亡者死後每七日稱之爲「犯七」，家屬必須爲之「作七」，以助懺罪悔過，所以稱之爲「破七」。

　　每次「作七」之前，孝眷人等要準備四十九面三角形的小白紙旗，並紮一把略大於小白旗的黑紙傘，兩者並置於五升斗內。作七時，另備煨罐及茶壺各一，延請族中長老一人，率孝子至墳塋進行儀式。首先將煨罐（象徵亡者水缸）置於墳頭，旁插小黑傘，再從茶壺內水倒些許至煨罐內。其後由長老手持茶壺、抱內有小旗的五升斗繞墳轉圈。每轉一圈插上一旗，同時長老亦將茶壺往後傳給孝子。接到茶壺的孝子依次喝口壺中水，周而復始轉四十九圈，直到四十九面小旗插完爲止。轉圈時，長老口中唱誦〈破七歌〉訣，直到轉完四十九圈，儀式即告結束。一行人等留下煨罐後回家。

　　茲轉錄邳縣〈破七歌〉訣於下〔註306〕：

> 破天忌，破地忌，七七四十九杆旗。
> 風來了，傘擋著，雨來了，傘遮著。
> 火來了，井裡藏，盆裡躲〔註307〕。
> 二期來到破半山，山大無邊路無沿。
> 不見村莊與茅舍，思想起來淚漣漣。
> ……
> 三期來到酆都城，酆都城裡黑勃勃，
> 大小鬼判都看我，黑股隆冬讓人驚。
> ……
> 四期來到慈母山，慈母山前落淚漣。
> 生來從未行惡事，爲何招俺來陰間。
> ……
> 五期來到望鄉台，望鄉台前有分解。
> 兒女都穿全身孝，哭聲陣陣搖台階。
> ……
> 六期來到查孽台，查孽台前換衣單。

〔註306〕見《邳縣歌謠集成》，頁80。原歌謠前段爲〈獻供歌〉，今從《中國歌謠集成‧江蘇卷》將兩者分割，僅列取後段〈破七歌〉的部份。

〔註307〕以上三行下文中略。

緊身綾羅不能穿，只穿破舊不擋寒。

……

七期來到迷魂莊，悲悲切切哭斷腸。

從此不記前世事，糊里糊塗進陰堂。

……

拿出鐵鎚砸鐵鎖，鐵鎖砸的粉粉碎。

撥下四十九杆旗，天羅地網燒成灰。

開開東門雙簧鎖，開開西門鋼簧鎖。

開開南門青銅鎖，開開北門白鐵鎖。

闖開四門進陰殿，萬事如意放懸心。

（十）其　他

蘇北風俗，如喪家經濟許可，或蒙世交、族人襄贊，不但日間鼓吹樂手齊備，出殯之前，夜間亦有唱夜戲的習俗〔註308〕。夜戲主要以徐州地方戲曲拉魂腔為形式，內容廣泛，舉凡孟姜女故事、楊家將等話本、傳說，都是夜戲的內容。夜戲的目的，主要在於娛樂陰陽兩界一應生靈神鬼。

有趣的是，蘇北的生活歌謠中，有〈懶大嫂〉一歌，其歌如下：

小黑驢吃青草，俺家娶個懶大嫂。

晌午起還嫌早，拍拍打打又睡了。

鍋門灰堆成堆，十輛小車往外推。

要吃飯鍋裡看，鍋裡螞蟻滾成蛋。

叫她刷刷鍋，她在鍋裡洗洗腳。

叫她刷刷碗，她在碗裡洗洗臉。

叫她割麥，拿起鐮刀就有尿，

叫她揚場，睡到樹底乘陰涼。

叫她去磨麵，取了磨系瞎轉轉，

叫她去攆雞，作在地上瞎噢吃。

叫她去攆鵝，懷抱巴棍睡著了。

你要說她懶，懶人還有懶嘴調，

〔註308〕筆者先祖母於 1992 年間往生時享壽八十二歲，因為喜喪，家族及至交為顯齊哀榮，於徐州市內襄贊夜戲十餘場。出殯之前每夜夜供後，靈棚前笙歌大戲不輟，周邊鄰人亦群聚圍觀，當地至今引為樂談。

你說這可怎麼了。

歌中嘲笑婦人懶惰邋遢、不理家事，極盡羞辱之能事。然而蘇北民俗，平日人際往來重禮好義，尋常不可能以嘲弄婦女為樂〔註309〕，何況編歌傳揚？細究之下，原來此歌的出現可謂別有玄機。

湖南喪俗中，有「夜歌子」一項，是一種鑼鼓相伴、以坐唱為形式的哭喪歌。據湖南各地方志記載，夜歌子的風俗亦稱為「鬧喪」，是一種「鄰里群聚」、「聲金擊鼓、設飲讙歌」、「徹夜達旦」的活動〔註310〕。

夜歌子的內容，與湖北地方的「待屍歌」（或稱「夜鑼鼓」、「孝歌」）、川東的「夜鑼鼓〔註311〕」大同小異，據賈芝先生所言，「……『待屍歌』內容廣泛，到後半夜唱成本大套，取材於話本、說唱、戲曲、小說等。〔註312〕」又，袁鐵堅於其文〈試探湖南夜歌子與楚文化的淵源關係〉中表示：夜歌子習俗的流傳地區以古楚地為主；而就夜歌子的內容觀之，其中固然帶有哀悼的氛圍、但是更不乏有楚文化「作歌舞、樂諸神」的性質。是以認定夜歌子這種「明顯帶有楚文化特點的風俗同時存在於一些保留楚文化遺跡較多的古楚地，並不是一種偶然的巧合」，「而是因為它們都屬於一同一種文化傳統，有著共同的文化淵源」〔註313〕。

有趣的是，在湖南祁東縣及長沙縣的夜歌子中，分別出現名為〈懶婆娘〉及〈懶大嫂〉的喪歌。歌中以輕快戲謔的語調，嘲弄懶惰婦人的邋遢與種種醜態。據考證，這種歌謠在夜歌子中出現目的，在於藉由披露孝眷種種醜態，使生者感到羞愧、並進一步改正惡習，以期能使之勤儉度日、重振家聲；好讓亡者能安心上路，不再牽盼〔註314〕。

由此看來，邳縣出現〈懶大嫂〉一歌並非偶然，其原因如下：一、蘇北本有出殯前夜戲之舉，此與楚文化中「歌舞娛神」的特質一致；二、蘇北本

〔註309〕參見本文第貳章第一節中所引《徐州府志》：「……寡婦或詬罵攘袂，男子勿敢交鬥」。

〔註310〕參見以下地方志：清乾隆丙子年《湘潭縣志》、清同治十二年《瀏陽縣志》、清同治十三年《黔陽縣志》。

〔註311〕《中國歌謠集成・四川卷》前序：「……川東地方尚保留有喪歌，是一種以鑼鼓伴奏的坐唱形式，……因演唱活動多在晚上，故也稱作『夜鑼鼓』。」

〔註312〕參見賈芝撰〈關於孟姜女故事研究〉，《民間文學論壇》，1984年第二期。

〔註313〕見袁鐵堅撰，〈試探湖南夜歌子與楚文化的淵源關係〉，《語言文學論集》，1986年，頁177。

〔註314〕參見巫瑞書撰，〈南方喪葬風俗、歌謠與楚文化〉，《湖南師範大學社會科學學報》，（長沙：湖南師範大學，1993年3月），第20卷第2期，頁127。

為古楚地範圍，不但考古成果中多有楚國遺蹟出土、至今民俗中亦多有承襲自楚文化重巫好祀的特質，尤其在訣術歌中可見一斑；三、蘇北亦受齊魯文化影響，民間人際往來多以禮相待，如非有特殊目的，絕不致於公然出口傷人，此一特質由婚儀歌中的〈醜媳婦〉一歌就可見其端倪〔註315〕。故而以歌謠嘲笑婦女懶惰散慢，實與蘇北民俗不符；如無特殊目的，〈懶大嫂〉一歌不可能流傳於民間。

綜合上述，筆者推論邳縣〈懶大嫂〉原應列為喪歌之屬，其目的與古楚地所流傳的夜歌子〈懶大嫂〉類型歌謠相同，都在藉嬉笑嘲弄的方式，一方面娛樂鄰里、一方面教訓孝眷人等改過向上，以使亡者放心。

〈論語‧先進〉中，孔子對於來問「死」的子路說：「未知生，為知死？」表面上看，生死為對立的兩端；實際上，將死亡視為邁向永生的一個過程，早已是人類社會中無可否認的重要觀點。這一點從蘇北地區各楚王的漢墓陪葬及殉葬品中，尤其可以得到證明〔註316〕。

從歷史的淵源來看，蘇北地方正當中原齊魯文化與楚巫文化交融之地，所以對於生死大事，除了上承周禮而有種種禮俗之外，同時也融入了楚俗中崇巫好祀的習俗。蘇北的喪儀歌正反應出了這樣的特質：

其一，蘇北喪儀為群體參與的過程。一旦鄰家有喪，闔族及鄰人皆會相與助之，此一風俗至今不變〔註317〕。

其二，喪儀中相關訣術盛行，相關喪儀歌實多為術訣歌；老執亦等同於昔日巫覡，以訣術歌帶領著亡者及家眷進行一項又一項的儀式。

三，喪儀中哀樂相共。〈開光歌〉的「大鍋缸調」旋律輕快，視紙紮開光為喜事，也預示著亡者在陰間的生活亦得享福；又，夜戲之俗雖在今日相關民俗記載中無可得知，但實際上在蘇北民間仍不難發現〔註318〕；這些情

〔註315〕〈醜媳婦〉一歌在鬧洞房時唱，實為引起新娘生氣，旁人則以詰問語：「你生氣啦？生啊！你生啊！」博口彩，預祝新娘早得子嗣。詳細內容請參見本節「婚儀歌謠」單元。

〔註316〕以龜山漢墓為例，穿鑿岩壁而成的墓室中，依楚王生前宮殿規格，分別打造出正殿、偏殿、廚房、馬廄等房室；各房室中，更依其功能放置不同的生活日用品，其中包括五穀雜糧、美酒佳釀、杯盤器皿，甚至是車馬箱籠，一應俱全。這些設置，無非是為楚王打點死後的生活，希望楚王夫婦在進入另一個世界之後，仍能享有如在人世間的榮華快樂。

〔註317〕筆者2010年前往銅山時，張世龍先生表示徐州喪俗仍有群體參與，襄助後事的美德。

〔註318〕近年來，中國政府亦大力推動喪儀從簡的政策，是以一應帶有鋪張奢靡風氣

況，多少反映出蘇北民間對死亡的看法仍受楚巫文化中對死亡的達觀態度影響〔註319〕。

　　四、多數喪儀歌訣，其主要內容固然在於安魂引路；但更重要的是具有心理學上「轉化」的功能。換言之，蘇北喪儀歌多藉由歌謠的內容，將死亡所帶來的惡耗及對死亡的恐懼，轉化成爲對生者的祝福及對未來幸福的期許，以期達到「慰生弔死」的目的。

　　是爲蘇北喪儀歌。

三、訣術歌

　　承前所述，蘇北地方因襲楚文化遺緒，崇巫重術之風盛行。這種特質不僅表現在婚儀及喪儀歌謠中，同時在日常生活裡也處處可見帶有法術性質的訣術歌，出現在不同的生活需求中。對於蘇北人來說，面對人生中無法掌控的大事，如生病、攘災、祈福、祝卜，乃至於祈雨、還願、去病，樣樣都有特殊的歌訣協助完成特定的儀式，以便與未知的神秘力量溝通、甚至是角力。

　　訣術歌之所以歸入儀式歌之類，主要由於此類歌訣不能夠獨立存在，必須配合相應的動作才能達成效果；哪怕是邊念邊作揖，都是一個動作。所以在看訣術歌時，也必需考察念唱的同時所帶出的動作，才能了解訣術歌的完整面貌。本單元整理蘇北地區現今可見的訣術歌，以其功能爲依據，從對象爲個人以至於社會，分門別類，逐一介紹之。

（一）消夜啼歌

　　小兒夜間不明原因夜啼，往往會讓家人因不明究裡而緊張擔心。對治小兒夜啼，蘇北所使用的訣術歌與多數地區類似〔註320〕，其內容不外以下兩種：

的陋習，不可能見諸相關資料中。
〔註319〕楚巫文化中對喪俗的觀念承襲，可參見以下資料：
　　　1. 巫瑞書撰，〈南方喪葬風俗、歌謠與楚文化〉，《湖南師範大學社會科學學報》，（長沙：湖南師範大學，1993 年 3 月），第 20 卷第 2 期，頁 124～128。
　　　2. 袁鐵堅撰，〈試探湖南夜歌子與楚文化的淵源關係〉，《語言文學論集》，1986 年，頁 175～181。
〔註320〕如《中國民間歌謠集成》的《上海卷》及《江蘇卷》中，都有類似的消夜啼歌訣。以上海歌訣爲例，其歌內容是：「天皇皇，地皇皇，我家有個夜啼郎。過路君子念一遍，一惚睡到大天光。」

> 天黃地綠，小兒夜哭。
>
> 君子念破，睡到日出〔註321〕。

或是

> 天黃黃，地綠綠，
>
> 我家有個小兒哭。
>
> 行路君子看一遍，
>
> 一覺睡到日正午〔註322〕。

消夜啼歌不能只是由自家念唱，而是要把以上歌訣寫在紅紙上，趁夜深人靜時分貼在橋上或路口等處，讓過路人念一遍，就能使「夜啼郎」不哭。蘇北地方如若看到路邊牆上貼此紅紙，行人多會順應念之，咸以為功德之舉。

（二）安魂壯膽歌

對蘇北百姓而言，出門在外，難免會招致不必要的惡靈魘物侵擾。一般認為，會魘魅人的有兩種，一種是「迷惑子」，專在野外魘人；另一種是「魘惑子」，專司躲在屋樑之下捉弄人。若不得已必須於夜間行經傳說中的不淨之地（如墳區、或是曾有人枉死喪命的地方）、或在下著小雨的晚上出門行經野外時，可唱〈壯膽歌〔註323〕〉助威驅祟：

> 我是西天大聖人，
>
> 一丈六尺紫金身。
>
> 前有五百惡羅漢，
>
> 後有三千接地神。
>
> 四大菩薩頭領路，
>
> 八大金剛護住身。
>
> 真心實意念三遍，
>
> 妖魔鬼怪化灰塵。

如若不幸真的被鬼怪所魘魅失魂，則回家後可由家人罩上青衣念招魂歌訣招魂，如銅山縣的〈隔山照〔註324〕〉：

> 青衣青衣，

〔註321〕見《銅山縣歌謠集成》，頁 52。《海州童謠》則作：「天黃地綠，小兒夜哭。君子念念，睡到日出。」

〔註322〕見《邳縣歌謠集成》〈免號歌〉，頁 82。

〔註323〕見《銅山縣歌謠集成》，頁 77。

〔註324〕見《銅山縣歌謠集成》，頁 77。

　　急去如飛。

　　魂魄速至，

　　來附身體。

也有專門對治小兒失魂的歌訣，此類歌訣多是當小兒受到突如其來的巨大聲響嚇到，呈現失魂驚駭的狀態時，由身旁的大人邊拍邊走邊唱：

　　快點走，快點行，你沒嚇著你沒驚。

　　爹也驚，娘也驚，什麼嚇著什麼聲。

　　什麼聲？小兒聲，快去快離保太平〔註325〕。

（三）禳災歌訣

　　蘇北地方對於禳災一事非常重視。民間認爲對於無法控制的災害（如蟲害、瘟疫、邪靈附體致病等），必須透過一定的儀式去除之，所以禳災的歌訣自然隨著禳災的科儀流傳下來。以下整理幾種災異或預防或禳除的科儀與歌訣。

1、滅蟲謠

　　蘇北地方最有名的禳災活動就是除蟲歌。徐州地區盛傳，農曆二月初二要炒豆子，可以得到土地公的眷顧，把被蟲蛀食的豆子換成好豆子，確保今年豐收〔註326〕。

　　至於海州地區的東海縣一帶的農家，則是在正月初五、十五及二十五日等三天晚上要實施滅蟲的儀式。先是在院裡、田裡、菜園子裡放小鞭炮，名之爲「炸蟲」，邊炸邊唱：

　　炸，炸，笆斗大。

　　炸什麼的？

　　炸蟲子爹、炸蟲子娘，

　　炸得蟲子光光光。

　　五穀雜糧堆滿倉。

　　另外，把每一種糧食湊一點放在鍋裡炒，邊炒邊由燒火人與炒鍋人對念歌訣，謂之「炒蟲」。其歌訣爲：

　　炒，炒，炒什麼的？

〔註325〕見《邳縣歌謠集成》〈驚嚇歌〉，頁82。

〔註326〕參見《中國民間故事全書，江蘇徐州市分卷・邳州卷》系列，（北京：知識產權出版社，2007年5月），頁134。

　　　　炒蟲的。

　　　　炒死沒？

　　　　炒死了。

直到雜糧炒熟之前，對歌不停。炒完之後，把雜糧分給全家人吃掉，稱之爲「炒蟲」與「吃蟲」。

　　還有「照蟲」。夜間睡前，家長手持燈火，將家裡各個牆壁及角落一一照遍，邊照邊與旁人對歌訣道：

　　　　照什麼的？照蟲的。

　　　　不照成大摞，照照蟲沒一個！

或

　　　　照什麼蟲？照蠍子。

　　　　照蠍子。照得蠍子兩截子。

或

　　　　照什麼蟲？照毛毛蟲。

　　　　照毛毛蟲。照得毛毛蟲害腔疼〔註327〕。

　　北方家庭中最怕蠍子。先父曾言，幼時夜間起身小解，一定要先抖鞋子，尤其冬夜，蠍子常躲在鞋中取暖；一旦被螫，痛苦不堪，往往數日才能消腫止痛。所以對於北方人家而言，蠍子格外是要消滅的害蟲之一。

　　不過除蟲的方式除了上述的「炸蟲、炒蟲、照蟲」以外，還有一種「摺火把」的歌訣。作法是將捆紮成束的高粱或蘆葦的莖外覆麥穰草作成火把，由孩童到農田裡，點燃後往天空上扔，稱爲「摺火把」；扔的同時口念歌訣：

　　　　火把火把琉璃燈。

　　　　一棵秫秫打半升。

　　　　火把火把琉璃燈。

　　　　土蠶蘆狗都死清。

　　　　火把火把琉璃燈。

　　　　大小蝗蟲都死清〔註328〕。

2、滅鼠歌訣

　　老鼠同爲家庭中的害物之一。所以在農曆二月二也有滅鼠的習俗與訣

〔註327〕見《中國歌謠集成・江蘇卷》及《海州民俗志》，頁399。
〔註328〕見《海州民俗志》，頁400。

術歌。一般使用方式是，農曆二月初二晚間，由家中年老的婦女拿著乾瓢〔註329〕，在屋內、外四處以小木棍邊敲瓢邊念：

　　　　二月二敲瓢渣，十個老鼠九個瞎〔註330〕。

3、站湯氣歌

如果有人莫名的頭痛腦熱，經過初步治療處理卻不見成效，一般會被懷疑是被鬼附身所致。被鬼附了身而生病，在蘇北叫作「湯氣」（作動詞用）。例如「湯氣了王大年」，就是指死去的王大年成了鬼，附在生人身上，使人生病。如果要驅逐這個附身的鬼，就要用到「站湯氣」的儀式。

「站湯氣」是由一名年老的婦女，在正午時分坐在能被太陽照到的門坎上，在地上放平一把石刀，然後用一枚厚邊的銅錢，試著讓銅錢站立在石刀上。設使病人叫張大頭，那麼老婦一邊試著站錢，一邊唱到：

　　　　（張大頭）湯氣（王大年）了？

　　　　叫銅錢站著，病趕緊好了。

　　　　不說二話，買紙錢給你。

在唱叫的過程中，就像點名似的，一遍又一遍把家中已故的亡人姓名一一替入；當唱到某一亡人名字而銅錢能立於石刀上時，表示就是該亡人的鬼魂附在病人身上。如果家中亡人念遍還沒能立起銅錢，那麼再唱外鬼及野鬼的名，直到站住為止。一旦站住，就要對鬼魂許願：承諾將在病人痊癒後第幾天、或是選在哪一個節氣燒紙錢給鬼。如果此時銅錢倒下，就表示鬼答應了這個願。但是也有銅錢始終不倒的時候。碰到這種情況，老婦就要拿三根手指捏住一點鹽粒彈向銅錢讓錢倒下，名之為「一言（鹽）為定」，表示絕不會食言。民間深信，這樣一來就可以驅走令人生病的鬼魂了。

4、齋孤歌

蘇北民俗：如果前一年豐收，那麼來年的正月就要舉行「牛郎會」（又名「燒大紙」），以謝神並祈禱來年全庄人、牛都可以不受瘟疫的侵擾。牛郎會的舉行方式主要是請戲班子（稱為「童子戲」）來庄上唱三到五天的大戲；不過第一晚一定要「齋孤」以及「請亡」。

「請亡」是請先人回來享受香火、看戲娛樂，以保佑子孫平安順利。「齋孤」則是指齋請孤魂野鬼，讓他們得到祭祀，不會回來作亂。齋孤時有一定

〔註329〕用來盛水的剖半葫蘆叫水瓢；用作它用的叫作乾瓢。

〔註330〕見《海州民俗志》，頁400。

的歌訣及儀式：一般是由唱大戲的人，挑著燈籠及火把，一邊敲著牛皮鼓，來到村外的路口向孤魂野鬼燒紙錢，邊燒邊唱歌訣。歌訣的內容與喪葬歌中燒紙錢給野鬼的歌訣大同小異：

> 孤魂鬼，鬼孤魂，
>
> 拿到錢，各西東。
>
> 不要打擾民間請亡魂

歌者邊唱邊走，在村外野地走上一圈，同時也等於請了亡魂回村裡做客。

（四）去病歌

早期農業社會醫藥不發達，使得民眾對於無法解釋或突如其來的病變充滿了未知的恐懼，咸信爲邪魔作祟所致，其中又以莫名的瘤、腫或蹓（皮膚上的大片紅腫）最常見，由此之故，許多治療疾病的訣術歌因應而生。這些歌訣都有一個共同的特色，就是在訣末會以「速！好了！」爲結尾，其功用與某些常見的道教咒語末尾的「急急如律令」一樣，要求鬼神速依訣術執行命令，使邪祟早離。目前可見到的去病訣術歌有以下幾首：

1、釘腿脛疙瘩

「腿脛疙瘩」是指大腿根部的淋巴結腫大。「釘」的方法是趁著晚上生火作飯時，由年老婦女手持著用灶門火頭上加熱過的秤錘，放在疙瘩上輕揉，一邊揉一邊念以下訣術歌：

> 張家外甥李家子，腿脛疙瘩秤錘死，
>
> 速！好了！

每晚重覆七遍，連釘七晚才算完成。歌中的「張家」、「李家」視實際情況而唱，如果病人自己姓陳而舅家姓王，該句就改爲「王家外甥陳家子」，以此類推。

2、掃　蹓

皮膚上突然出現大片會疼痛的大片紅腫，在蘇北稱爲「蹓」或「赤油丹」，一般認爲要用豬油與海帶敷貼在患處才會好。不過敷貼之外，同時還要配合「掃蹓」的儀式。掃的方式也是由年老婦女在夜間執行。據《海州民俗志》載，每晚「出齊星斗」時，由年老婦女右手持笤帚接觸皮膚「掃蹓」；同時左手持簸箕接著所掃下的東西。掃時要循同一方向、不可改變；邊掃邊唸：

> 風蹓，火蹓，貼骨蹓，

　　　　家雞蹓，野雞蹓，笤帚掃，

　　　　簸箕收，速！好了！

每念完一遍，要將簸箕作勢往陰溝倒下，表示蹓隨陰溝水流走了。每晚掃七遍，連掃七晚才算完成。

3、去腮幫子腫

　　在腿根上的淋巴結蘇北稱之為「腿脛疙瘩」；在耳腮後的淋巴腺腫大則稱為「大鼓腮」、「贅耳喉」、「炸腮」、或「蛙子鼓」。對付這種常見在孩童身上的淋巴結腫大，處理的方式一樣是由年老婦女，在作晚飯時手持著用灶門火頭上加熱過的飯瓢，放在疙瘩上輕壓，一邊揉一邊念以下訣術歌：

　　　　墜耳喉，飯瓢揉，速！好了！

　　　　炸腮，飯瓢挨，速！好了。

　　　　蛙子鼓，飯瓢焐，速！好了！

每晚壓念七遍，連掃七晚才算完成。

4、腳　麻

　　一般人蹲久了造成血液不循環；改變姿勢時血液重新流通，會出現麻痛的感受。對於孩子因蹲久或凍久造成的麻痛，也有處理的歌訣。同樣是由老年婦女拿一根草棒插在腳丫裡，然後邊揉邊念：

　　　　小腳小腳你沒麻，給根草棒剔剔牙。

　　　　速！好了！

5、治蜘蛛瘡

　　孩童皮膚上長起小水泡，讓人癢不勝抓時，也是由年老婦女，在作晚飯時手持著用灶門火頭上加熱過的亂麻絲團，放在疙瘩上輕擦，一邊擦一邊念以下訣術歌：

　　　　蜘蛛瘡，亂麻殃，一擦一掃光。

　　　　速！好了！

每晚擦念七遍，連掃七晚才算完成。

6、無名腫毒

　　因發炎而腫大的瘡癤統稱為腫毒。對治腫毒的方式是用毛筆蘸陳墨，在腫毒上畫圈塗墨。邊畫邊念唱歌訣：

　　　　乾坤正氣，運轉秋冬。

　　　　一時不到，為何流行？

> 一畫不出膿，二畫不出血，
>
> 三畫自消自滅。
>
> 吾奉太上老君，急急如律令！敕令！

實施者口中默念七遍，邊唸邊畫，最後在患處外部寫上「敕令」二字，才算結束。傳說此法念時不能讓旁人聽見；同時也不可對外人道，否則不靈驗。

（五）遊戲祝願歌

所謂遊戲祝願歌，是指專由兒童在遊戲間進行的儀式歌訣。這類遊戲具有目的性，頗有祈願的性質在其中，所以雖是遊戲中進行，但是也具有訣術的成份，所以將之歸於遊戲祝願歌。在蘇北地方，成人並不會禁止孩童實施此類遊戲，反而還有默許的傾向，所以才會讓這類的歌訣流傳開來。

1、拜月謠

正月初三時新月方興時，由於是一年中第一次見到新月，所以會有人家讓女童以蒲團為墊，跪在院子裡拜月，求得一口漂亮的牙齒。女童或一或群，一起對月祝禱並唱道：

> 正月初三拜月芽，自裁自剪自作花。
>
> 風牙火牙我不要，只要一口糯米牙

連念七遍，念得越順，咸信牙齒會長得越美。

2、乞巧歌

農曆七月初七，蘇北稱為「巧節」。到了這一天，女童們可以「乞巧」。乞巧的活動有兩項，日夜各一；女童可以都實行，也可以只實行一項。

白天時，女童可以製作一雙小布鞋，拿到樹林裡燒給「七姑姑」，傳說可以得到七姑姑的保佑，討得「巧」。此處所說的「七姑姑」，指的是一名排行第七的女子，因為嫁給人家作童養媳，最後被凌虐致死。七姑姑雖然工於女紅，但是死時卻身穿破衣、沒穿鞋襪，所以傳說如果能在巧節為七姑姑製小布鞋，就能得到她的青睞而得巧。實施的儀式是在樹林裡燒一雙自己縫製的小布鞋給七姑姑時，口中念七遍以下歌訣：

> 七姑姑，來穿鞋。
>
> 拙的去，巧的來。

回家後拿針在布上隨便戳幾下，象徵得到巧了。

另一種乞巧則是對著巧節晚上的月亮實施。當天晚上月亮升起時，女童只要能在月光下穿針引線，一邊穿一邊唱：

月亮大姐對我好，朝我笑，教我眼尖手又巧

只要穿得過，就表示已經得到月亮的真傳，習得眼快手巧；如果沒有穿過的人，可於來年巧節時，再重覆一次日夜的乞巧儀式。

3、請茅姑娘歌

這是一種類似於臺灣民間「錢仙」的遊戲，用以預知特定的問題。不過在蘇北這種遊戲只有女童參與，所請來的「仙」在傳說中因為被大婦妒殺、死在茅廁，所以被稱之為「茅姑娘」〔註331〕。據說茅姑娘具有預知的能力、卻忌見陌生男性，所以被女童視為可以透露未知事件的對象。

蘇北地方請茅姑娘的遊戲主要流傳在海州地區；但海州南部與北部請茅姑娘的時間及所邀請的對象略異：南部是在初五請茅三姑娘；北部則是在初七請茅七姑娘。所用的儀式大同小異；所問的問題則是以未來的婚嫁、女紅技巧的好壞、未來婆家等女孩子所關心的問題為主。

請茅姑娘要有年老的婦女協助完成。整體而言，在請茅姑娘前要先做好以下準備事項，包括：

1. 準備一間潔淨空屋，內置香、燭、油燈等。
2. 用草紙剪成若干方形小紙片，稱為「小光明」，其作用如同紙錢。
3. 正月初四選一根七尺的長蘆葦桿，將之劈成兩爿，當作是「姑娘腿」。
4. 準備一把大竹掃帚、木飯勺、頭花、婦女的札腿繩兩條。

女童們在正月初四（或是初六，視請三姑娘還是七姑娘而定。如果請的是三姑娘，就在初四去；如果請的是七姑娘，就在初六）的晚上先到土地廟與廁所（糞塘）邊，燒小光明，邊燒邊禱告明日將來請茅姑娘到家裡去玩，連在七個糞塘打過照面，就表示已經告知完畢了。

第二天天未亮（為了要避開行人與男性），要參加的女童們（至少三個人）就要把大竹掃帚（當作是馬）的竹桿上綁上兩條姑娘腿，再插上木飯勺（飯勺上纏黑色頭紗及頭花）；再紮上兩條扎腿繩，就當作是茅姑娘已騎上馬了。然後由其中一人拖著竹掃帚、其他人跟著，到前一晚禱告過的糞塘去請茅姑娘。邊走邊唱歌訣一直到回到家中淨室為止。歌訣如下：

一碗鹽、兩碗鹽，我請姑娘過花年；

一晚鹵、兩碗鹵，我請姑娘過初五。

如果是初七請茅七姑娘，歌訣則是：

〔註331〕一說是西漢被呂后毒殺的戚夫人；一說是唐壽王侍妾何媚。

一塊磚、一塊瓦，我請七姑去玩耍。

沒靈沒神請回程，有靈有神請上馬。

離開糞塘時則唱道：

一尺布、兩尺布，

我請姑娘上大路。

等回家後，要進淨室大門時，則唱到：

一根繩、兩根繩，我請姑娘進大門。

等到姑娘進門後，把綁在竹掃帚上的東西一一解下，在香案上放好，象徵姑娘已經安座，再由兩個女童各持一根紅筷子，把兩條姑姑娘腿懸空放在筷子上，使筷子與姑娘腿成井字型，然後再由年老婦女持點燃的小光明將兩條姑娘腿烤過一遍，意謂為姑娘暖腿。之後就可以由女童開始發問。女童可要求，答案為「是」時，姑娘腿「夾一夾」（兩條腿相靠近）；否則就在空中畫圈圈。或者是以其他方式表達答案。如此輪流發問，得到答案後成為日後談笑的話題。遊戲結束後，請姑娘回府，然後把兩條姑娘腿放在「馬」上拖回糞塘邊燒掉即可。

（六）漁船祈豐收歌

由於海上工作的危險性高、收獲量不穩定，所以對於重視禳祭的蘇北漁民來說，船上有許多陸地工作所沒有的忌諱與儀式。俗話說「船是三塊板，動身就要喊」，意謂著當大船一起動，每一個環節都有一定的術訣歌或彩話，用以博取龍王及諸天神明的歡心，從而得到庇祐才能豐收。有時彩話是以號子的形式出現，在特定的動作中以號子齊一動作、也同時討彩求喜。

漁民在出海之前要先祭船，祭船時船老大要手拿點燃的財神把子（火把，製作方式同新年用的財神把子），邊照整艘船內外邊唱彩話歌訣：

吉星高照，

招財進寶。

一本萬利，

大發財源。事事如意！

唱完後把財神把子丟下海，大喊：「把所有的晦氣都給大老爺（鯊魚）！」之後，才能出海。

海州漁民捕魚的方式，是將船停在海中的某一處後，下錨定位；然後打椿（椿在漁業中稱為戶）、繫網、收網捕魚。這一連串的過程都有歌訣。如打

椿時因爲要七、八個人抬起椿往海床打，爲了統一行動，會有歌訣：

　　（領）：大網張張口，就有豆腐酒。

　　（眾）：打得好，張〔註332〕得好，打得深，張萬斤。

　　　大斗打，小斗搖，這塊地，出金苗。

　　　這塊泥，是好泥。打好戶，張蝦皮。

　　　這塊沙，是好沙，打好戶，張對蝦。

　　　舉得高，張望鮹；高起斗，家家有。

　　　出斗摜，張十萬；齊出勁，都高興。

唱過一輪稍事休息後，再邊打邊唱一輪。打完之後要把漁網綁繫在椿上，稱爲「繫網眼」。繫時要喊：

　　　眼像銅鈴，口如血盆。

　　　順風迎流，魚見掉魂。

　　網繫好後，就可以開始收網取魚。起網時除船老大以外，人人都要一起動作，此時再唱以起網歌訣爲彩話：

　　　攔勁拉，大把搯〔註333〕。搯得准，上得穩。

　　　朝艙倒，個個笑。裝滿載，大發財。

　　　發大財，家家好。

起網後拿到的第一條魚，要抓著在船上到處用力摜〔註334〕，邊摜邊唱念：

　　　摜得好，張得巧。

　　　摜到哪，裝到哪。

　　　滿船摜，張十萬。

以取得吉兆，讓漁獲滿船。

（七）祈雨歌

　　漁夫靠海吃海，求的是海上的順風與漁穫的豐收；農民則須要有風調雨順的日子，才能使農作物成長順利。蘇北氣候雖然四季分明，但亦時有旱災之苦。每每出現旱災，各地就會視各自的經濟情況，有不同的對應方式。這些祈雨的儀式都有歌訣可唱，茲整理介紹如下。

〔註332〕下網稱爲「張網」。
〔註333〕意謂捕到大魚。
〔註334〕蘇北稱「摔」爲「摜」。

1、小村落祈雨歌

如果是經濟條件有限、無法舉行大規模祈雨儀式的村落，其祈雨方式就是由七名童女，頭戴斗笠、手拿鋤頭，象徵性地到去扒各家陰溝。連扒七家、每家扒七遍。每扒一遍就念唱一遍祈雨訣：

> 七個大姐掏陰溝
>
> 大雨下得漫海州
>
> 大河滿，小河溜。

2、大規模祈雨歌

比較有規模的鄉鎮、或是聯合數個鄉鎮一起祈雨時，其方式就與上述不同了。傳說掌管下雨的龍王是歸玄天上帝管轄；而每個州縣之中只有一尊玄天上帝，所以如果整個州縣都缺水要祈雨，一定要動員包括州官以下的官民，一起來祈雨。

玄天上帝又稱北極大帝。祈雨的儀式就是請北極大帝出壇，將神像請到祈雨的現場，讓它命龍布雨。儀式進行方式如下：

整個祈雨隊伍行經的街道，都要在牆上貼滿彩色的「雨貼」、或懸空拉起三角形旗串的「雨吊子」。兩者上書「風調雨順」、「大雨傾盆」等降雨的形容詞或成語。全州縣參加祈雨隊伍的人，都要作雨天打扮：或敞頭赤足、或身穿簑衣、頭戴斗笠。整個隊伍最前方是開道的鑼鼓；然後是北極大帝的神像。神像前放一個瓷瓶；其後是祈雨隊伍，敲木魚敲磬地唱念著〈祈雨訣〉：

> 小人求雨，萬民得濟。
>
> 神靈慈悲，賜雨溼地。
>
> 生靈獲救，雨住水乾。
>
> 風調雨順，國泰民安。

隊伍邊走邊唱，一路來到龍潭〔註335〕。用北極大帝神像前的瓷瓶裝滿龍潭水，稱為「取水」；再抓一隻泥鰍（象徵龍王）放入瓶中，是為「請龍王」。其後一路敲打唱念回廟裡院中，將神像與瓷瓶一起放在烈日下曝曬，直到下雨，才請北極大帝回殿中復位。同時將瓷瓶中的泥鰍及水倒回龍潭，稱之為「送龍王」、「還水」。相傳如果沒有送龍王還水，那麼下次再祈雨就不靈了。

〔註335〕歷經久旱卻不乾涸的水潭，被認為龍王就住在裡面，所以遇旱不涸。

（八）忌諱歌

蘇北漁船上最大的錨，因為是在遇有暴風雨時抓緊海底避免危險用的備用大錨，所以被稱為「太平錨」，不到危急時不會使用。被視為是保命的工具，其地位如神明般重要。如果有人不注意在太平錨前說了不該說的話，船老大馬上要在錨前燒香磕頭，口中念唱以下歌訣：

> 老錨老錨別見怪，
> 小人做事要擔待。
> 老錨老錨別生氣，
> 剛才小狗放個屁！

（九）還願歌

如果曾在神前燒香許願，事後一定要還願。蘇北地方對於祈神救命主要用於兒童，其方式有二：一是將孩子捨給廟裡當和尚；另一種是向神明燒香祈願；並約定病好了之後燒豬還願。茲介紹這兩種方式的還願歌謠及科儀如下。

1、掃院門歌

據〈海州民俗志・掃院門〉條目指出，舊時，海州一帶病重無醫的男孩會請仙奶奶（巫婆）許願，承諾長成後出家入廟為僧以免災，稱之為「捨給廟裡」。捨給廟裡的孩子，由家中製作褊衫（僧衣）入廟舉行入空門的儀式。在儀式中，由寺中住持大師父摩娑童頭、贈僧帽，並賜給法號，如此一來，孩子就算已入空門了，民間認為，此舉可以躲過孩子不好的「華蓋運」。

但有些小孩病癒或長大後不願意當和尚，須通過原來許諾的仙奶奶向寺裡大和尚送禮了願，叫作「掃院門」，意即由師父掃地出門。「掃院門」時要準備四樣物品，包括作為孩子替身的毛驢一頭（以代替孩子承受原先不好的「華蓋運」）；兩袋原作為孩子入空門糧食、現在分給其他和尚吃的「高米」；以及一張柳條簸箕和一把新掃帚。

進行儀式時，由仙奶奶帶著還願人來到寺院，還願人披上僧衣、僧帽，跪在佛殿燒香。大和尚唱著「掃院門歌」，脫下還願者的僧衣僧帽，並用掃帚追打還願者，邊追邊打作掃地狀，意為將還願者打出院門。還願者被追打時不能回頭，一邊跑邊撒喜果，由其他僧人爭食，一直到出廟門為止。此時大師父所唱的儀式歌，就是〈不當和尚掃院門歌〉：

> 人生七十古來稀，脫下僧衣換俗衣。

你不能當和尚，你不會掃地。

師傅一怒將你打，趕出廟門去娶妻。

養兒能坐金鑾殿，生女便是狀元郎。

2、燒豬還願歌

基本上而言，如果沒有選擇把孩子捨給廟裡當和尚來解厄，還有另外一種方式也可以禳災，那就是許殺豬願。

許燒豬願的方式是當男孩生了重病無藥可醫時，延請「仙奶奶」（巫婆）來看，如果可以，就由仙奶助其許下燒豬願，言明病好之後會殺一頭豬還願。如果神明答應了，仙奶奶就會在孩子脖子上掛一條紅繩，稱之為「上了鎖子」，一直到到還了願才能剪下。

由於還燒豬願不止是殺一頭豬而已、還要請專門為人唱還願戲的童子戲班來家唱戲，整個過程花費不貲，所以許多人家無力還願；不過男孩在未還願之前不可結婚，所以很多人家是在結婚前兩天辦理燒豬還願。

整個還願儀式有七個程序；其中最具代表性的是第二天早上殺豬的儀式。在殺豬之前要「唱安慰」，也就是由童子戲人手拿皮鼓來到被綁綑的豬面前唱祭豬歌，用以感謝豬代替男童受死擋災，並祈禱豬隻能有好的來世：

夜裡作夢夢不詳，夢見赤足〔註336〕站門旁。

我問赤足哪裡去，去趕烏豬進廟堂。

豬兒哇，嘰兒喳，民人差你早回家。

一來莫怨燒香主，二來莫怨斯人家。

三來莫把屠夫怨，是你前世自造下。

臨死與你金紙錢，轉世投奔富人家。

白刀進去紅刀出，烏盆等血賽硃砂。

開水桶裡打個滾，脫去黑毛換白紗。

身上馱著三顆印〔註337〕，繳與東岳敬菩薩。

唱完後燒下紙錢，蓋上印記之後，唱者離開再由屠夫動刀。

殺豬後，由男童走過以木凳搭成的象徵性橋樑，稱之為「過橋」或「過關」。上橋前先用公雞祭橋；下橋後，由唱童子戲人用公雞血點在男孩額頭上，同時將其脖子上的紅線剪斷，叫「開鎖」。將紅線並一個紙剪的小人（替身郎）

〔註336〕指赤腳大仙。

〔註337〕在豬身上蓋三個「神冥照鑒」的印文，是為「三顆印」。

一同在橋頭燒化，邊燒邊唱：

> 壽酒瓶瓶醉
>
> 壽花朵朵開。
>
> 壽山並壽海，
>
> 福壽一起來。

表示男童已如新生。最後申文請表、燒化紙幡後才算完成還願的儀式。

　　多數訣術歌都有以下共同的特色：短小、精簡、命令語氣、具節奏感；而同時，這些訣術歌都與儀式（科儀）密不可分。這些與「咒語」相彷彿的特質，使訣術歌的功能及形式帶有高度的神秘色彩。

　　蘇北原本就是先秦時期楚國的疆域之一。從大量訣術歌使用的習慣中，更可發現並佐證此一事實。整理蘇北的訣術歌之後可以發現，訣術歌的作用，主要在於控制不可知的自然或形而上的精神力量。這些為了要控制自然、制服對手或是招徠幸運而出現的訣術歌，多數是由年老婦女來執行七七四十九遍才算完成，這種帶有特殊施法意味的次數，以及施訣術時必需對著灶門〔註338〕（拜火）、星空（拜斗）、太陽（拜日）、求美牙與乞巧（拜月）、拜龍潭請龍王（拜水）等的特殊要求，在在都具有原始宗教中自然崇拜的儀軌特徵。這也使得蘇北訣術歌更添「巫術」色彩。

　　學者顧希佳先生在其《祭壇古歌與中國文化》一書中直言神與人的關係是這樣的：「……神就是人，向神祭祀也就好比是向長官請求。〔註339〕」從這個角度來看，不難發現蘇北的訣術歌如同一篇篇的請願文，不斷地向超自然力量做出祈求、要求、商酌等等的舉措；而這些歌訣之所以可以跨越時間的長河遺存下來，則是因為其中具有以下特質：

　　（1）**神秘性**：訣術歌的基本特質是利用人類對超自然力量的盲目崇拜所致。人類由於發現自身力量不足以掌控一切，所以轉而相信自然界另有一股超自然的神秘力量，其位階高於有形萬物；一旦能與此力量交流溝通，自然可以間接掌握原本無法掌握的能量。所以有占卜、咒語、禱詞，這些訣術的目的無非藉由這些儀式及過程，得到原本不存在的幸運或轉移原本屬於自己的厄運。

〔註338〕或手持火把、手持財神把子、手持油燈遍照，都與拜火儀式有著密不可分的關係。

〔註339〕見顧希佳著《祭壇古歌與中國文化》，（北京：人民，2000年1月），頁8。

　　至於這些力量或是神靈究竟是誰、或如何運作；甚至是造成災難的原因，都已無從、更不必要查證，一應事端，皆可以「不可說」的神秘性原則概括之。所以在去病歌訣中，我們只知道「速！好了！」，無需探究究竟是命令「誰」驅策病殃早離，以使病人「速！好了！」；還願歌中，仙奶奶究竟是對誰祈願、還願又還給誰，也不在歌謠的重點之中〔註340〕。這一切只要由仙奶奶處理打點就好，一般庶民毋庸深究。

　　（2）**多樣性**：訣術歌另一個重要的特質是具有多樣性。一如前言，我們可以從儀式中，看出蘇北的訣術歌祈祝與要求的對象品項繁雜不一，其中包括有甲、<u>原始宗教的孑遺</u>，如去病歌中拜火、拜斗、拜日；祈雨歌中拜龍潭等行為，都是從原始宗教的自然崇拜中嬗變而來；乙、<u>國家祀典的影響而出的祭祀對象</u>，如祈雨時請出北極大帝、還願歌中將代罪豬向東岳帝君獻供等，多少可以發現民間訣術受到帝王專制時期，國家祭儀對於三官五嶽崇拜影響所衍生出的儀軌痕跡；丙、<u>佛道教神佛的融合使用</u>，例如〈掃院門歌〉中，為避「華蓋運」（道教命理用詞）而出家為僧，祈求佛祖庇祐；殺還願豬時由赤腳大仙趕趕豬隻還願、祈求豬靈「轉世」（佛教觀點）投奔富貴人家，卻向「東岳」供奉豬隻；〈壯膽歌〉中菩薩羅漢、金剛地神一齊出動為之壯聲色……等，無一不是蘇北民間信仰中，佛道同流特質的顯現；丁、<u>以訛傳訛的神靈崇拜</u>：無論是被壓迫凌虐致死的七姑姑、或是受大婦毒殺死在廁所的茅姑娘、甚至是赫赫有名的龍王；都是傳說中未可考證、約定俗成的角色。但由於這些角色符合了特殊的功能性需求，所以被一而再、再而三地輾轉流傳於民間，成為生活中常見的祭祀對象。

　　這些祭祀對象流派的複雜，不但代表了早期蘇北民間信仰的內容豐富；更反映出信仰中極強的包容性與民間「以和為貴」的融合力量。所有角色間彼此的管轄範圍與神力並無衝突不調之處，全都能在蘇北大地上並行不悖。

　　（3）**實用性**：與其說蘇北的訣術歌充滿了迷信的色彩；不如說蘇北的訣術歌中充滿了功利主義的實用性特質。為了要面對及對治突如其來、來由不

〔註340〕也有學者認為，咒語或訣術歌的成立，必需具備以下要素：1. 由誰；2. 向誰；3. 如何做；4. 祈祝內容等，共同組成（如夏敏在其所撰之〈咒語、祈導語、頌神詞與詩的誕生〉一文中即作如是認定。參見《民族文學研究》，（北京：中國社會科學院少數民族文學研究所，2004年1月，頁70）；但是在蘇北的訣術歌中，這些要素顯然是不必然的；**除了第四項「祈禱內容」（目的）以外，沒有哪一項是非得在蘇北訣術歌中出現不可的。**

明的疾病與災害，為了趨吉避凶、祈求豐收而出現的訣術歌，其目的無非只是為了得到現世的幸福與平安。在這個前題之下，一切的作為只為了由得生活的基本需求；至於形而上的哲學思考、宗教性或精神層面的的苦行、犧牲與奉獻，全都不在考量的範圍之中。

　　換言之，鬼神是可以「被賄賂」的；從〈請北極大帝出壇〉的祈雨歌訣中就可以發現，蘇北民風的驃悍絕非謠傳：對百姓而言，如果對神明「好話說盡」卻得不到祈求的結果，那麼即便對「神」也可以「壞事作絕」：一個驅策不了龍王、造福不了黎民的北極大帝，不配享有民間香火、更活該與不聽令的龍王（泥鰍）一起在烈日下被曝曬，讓祂嘗嘗驕陽當頭之苦，直到祂屈服（降雨）為止。此時人與神的地位是平等的，這種利益交換式的信仰基礎，正是蘇北百姓性格中與自然頑強抗爭的特質的展現。在實用性的原則之下，所有的神靈都必須如同地方父母官，盡心為人民服務；如其不然，「敬酒不吃」時，那麼「罰酒」隨後就到：對神靈也是可以「起義」、「反動」的。

　　基於以上特質，從訣術歌所反映出的蘇北的民間信仰來看，在蘇北地方，無論是何方神聖，只要靈驗就值得祭祀。從這個角度來看，一般認定蘇北承襲楚俗多「淫祀」的說法，似乎過於苛責。畢竟祭祀背後的功利目的，才是祭祀的真正動機。與其說蘇北習俗趨於「淫祀」，還不如說蘇北百姓非常「務實」來得客觀中肯。

　　綜觀蘇北儀式歌，除了反映出地方上多元豐富的民俗事典及傳說信仰之外，蘇北儀式歌還有以下幾點值得注意之處：

　　一、**政策方向影響儀式歌的流通情況**：劉振華於其所撰之〈徐州禮俗〉一文中有一句用以描述蘇北現今對禮俗執行的狀況「……簡單的禮俗，以四十歲以上的人遵守最嚴。〔註341〕」。以蘇北地方而言，對於民俗科儀的看法與演變，可以從相關的撰述書籍及其內容的演變中略窺一二。

　　以西元 1991 年出版的《海州民俗志》而言，其中對於相關的民俗事項考述詳盡，論及儀式，無論歌謠或是科儀本身都有完整記錄；但是西元 1993 年出版的《徐州民俗》一書中，對於民俗的說明及解釋就顯得避重就輕，以喪儀為例，一應傳統科儀幾乎全免，卻在倡導現代化的喪葬理念：火葬、早立遺囑、簡單弔唁、早早安置；而兩者中對於蘇北喪儀中實際出現的「唱夜戲」

〔註341〕收於孟慶華主編《徐州文史資料彙粹》，（江蘇：江蘇文史資料編輯部，2000年 12 月），頁 653。

都沒有記載，卻可於蛛絲馬跡中窺見其存在的證據〔註342〕。除非如西元 2000 年出版之《徐州禮俗》一書，單純以文史工作的角度重新考察，否則相關的文化遺留皆將不存；然而這些文化內涵隨著耆老的日漸凋零而式微，有時用「搶救」亦不足以形容其急迫性。是以政策的介入及干預，成為影響儀式歌存在的最大變因〔註343〕。

二、唯物史觀加速儀式歌的流失：唯物史觀對於儀式歌的存在具有極大的負面作用。在這個思考觀點下信仰式微，然而一旦失去了信仰，儀式歌便顯得淺薄而矯情；更顯得進退失據。換言之，沒有了民間信仰的社會，其儀式歌也失去存在的價值及意義；只剩下單純而薄弱的文字記錄。如今蘇北民間對於相關婚喪儀式的認知，只剩下單純的程序，稱不上「儀式」。

三、生活環境的快速西化及現代化亦造成儀式歌式微：以婚儀中的〈戳窗歌〉為例，如今民眾居住的普遍是公寓大廈，窗戶如非帷幕玻璃就是氣密式鋁門窗，自然無法再讓人「戳窗」；此外，社會分工精細與男女性別觀念的日趨平等，使得社會上不再如同過去重視多子多孫的繁衍要求，許多為求子孫滿堂的儀式歌都顯得不合時宜。另一方面，隨著科技的進步，疾病已不再是由莫名的殃崇所致，透過適當的醫療，大多可以痊癒如昔，是以訣術歌的存在功用也隨著時代而湮沒。這些都是造成儀式歌式微的另一個原因。

四、儀式歌無法脫離科儀而獨存：儀式歌是文化特質的表徵之一。蘇北的儀式歌尤其如此。每一項儀式，都反映出民眾對於生活品質的要求；所以文化現象不可能脫離實際生活而存在；儀式歌也不可能與科儀分離，在無法反映民間生活實貌的情況下獨存。徒留單純文字紀錄的儀式歌，只是沒有生命的文字。換言之，儀式歌背後的使用時機、實施方式，才是儀式歌具有存在價值的原因；也才是保存並探析社會文化真實樣貌、與其精神特質的精髓所在。

五、蘇北儀式歌反映出強悍且務實的民風：從蘇北儀式歌的內容可發現，在民間觀念裡，鬼神存在的目的主要在提供人們更好的生活品質。蘇北百姓所求不多，歸納而言無非只有「福、祿、壽、喜、財」。鬼神只要能滿足其一，

〔註342〕除了筆者家族實際辦理喪事的經驗以外，《海州民俗志》中在〈牛郎會〉條目下也不乏有唱戲以娛先亡及鬼神的記載。（頁 142）

〔註343〕這種情況在臺灣地區亦同：當禮儀師及其工作內容開始受政府政策管轄，並建立單一流程及儀軌之後，原本各地因文化風俗不同而異同的儀式及其內容，將日漸統一而消逝。

就可通過人間的考核、被崇敬奉祀；如其不然，即便是神，也得有「下臺一鞠躬」的時候。

　　是爲蘇北儀式歌。